田島一貴
プルチャーム株式会社代表取締役

できるリーダーは「数字に強い」メンバーを育てている

現代書林

夢なき者に理想なし
理想なき者に計画なし
計画なき者に実行なし
実行なき者に成功なし
故に、夢なき者に成功なし

吉田松陰

はじめに

本書のタイトルの〝数字〟というワードを目にして、思わず身構えてしまったという方もいるのではないでしょうか？

「自分は数字に弱い」というコンプレックスを抱えている方は少なくありません。

しかし、ビジネスパーソンにとって数字は絶対に避けて通れません。「数字で考える力」は必須のスキルです。

そもそも、ビジネスとは数字そのものと言ってもいいでしょう。

あらゆるビジネスの第一義的な目的は、売上、つまり数字をつくることだからです。

企業の個々の社員ももちろんですが、とくにマネジメントクラスが数字に強くなければ自社の成長はまず望めないのではないでしょうか。


と、ここまでお読みになって、皆さん、こんなふうに思ったかもしれません。

「そんなの常識！」

「いまさら何を?」

では、あなたはビジネスにおける数字の〝意味〟を本当に理解していますか?

スプレッドシートやＥｘｃｅｌを扱える。収支を把握している。会計の知識がある。

そうしたことが漠然と思い浮かんだのではないでしょうか。

しかし、私が本書でお伝えしたい「数字に強い」とはそういうことではありません。

会計情報の分析などももちろん必要ですが、それらは単に「結果としての数字」にすぎません。

重要なのは、その先にある**「売上をつくるための数字」**で、そのために重要なことは、0から1を生み出す「生きた数値」力です。

そもそも、ビジネスにおいて「数字に強い」とはどういうことなのでしょうか?


私は現在、女性向けのヘアケア製品や化粧品、健康食品の販売を中心に、「Ｄ２Ｃ×サブスクリプション事業」を行うプルチャーム株式会社という会社の代表取締役を務めています。

ご存知のように、Ｄ２Ｃというのは「Direct to Consumer」の略で、企業が中間業者を通さずにＥＣサイト上で顧客に自社製品を直接販売する販売方式を指します。

プルチャームの創業は２０２１年です。社員数は私も含めてわずか5名（役員、社員、派遣含む）ながら、2年目の２０２２年度の売上は8億円超えを達成しました。

なぜ、こうした少数精鋭の会社が、創業から2年でこれだけの業績を上げることができたのでしょう？

その理由こそ、社員一人ひとりが身につけている〝数値力〟にあるのです。

とはいえ、弊社では特別に数字に強い、あるいは数字の扱いに慣れている人材を採用ターゲットにしているわけではありません。しかも、全員が異業種からの転職です。

事業拡大の最大の要因は「数字に強い人材」を自社で育成したことでした。

すべての新入社員は入社後すぐに、年齢やキャリアを問わず、数字によるマネジメントの〝洗礼〟を受けます。

社員はまず**企業全体の目標や価値観を共有し、その共通認識を自分自身の業務に落とし込んでいきます。その共通言語が「数字」**です。

社員は担当するそれぞれの部署における自身の目標を可能な限り定量化して設定し、その数値を自分で管理していきます。それは、売上目標はもちろん、原価管理やさまざまな業務の達成度などあらゆる領域に及びます。

数字による弊社のマネジメントで最も重視しているのは「生きたＫＰＩ（Key Performance Indicator：重要業績評価指標）」です。

個々の社員が自らＫＰＩを正しく設定し理解すること、あらゆる業務プロセスで目標達成の度合いを計測・評価して、継続的に売上をつくるための施策につなげています。

こうした徹底した教育とトレーニングによって、一般的に企業が行っている人材育成システムの**2～3倍のスピードで経験値がアップ**していきます。

Ｄ２Ｃ事業は顧客とダイレクトにつながることができるというメリットがあります。

一方で、ビジネスの主戦場は日々進化するインターネットであり、顧客や市場の状況も刻々と変化していくので、単に売上や利益などの数字を定点観測しているだけでは不十分です。

その時々のリアルな顧客像を把握しておかなければなりませんし、時流に即応することが至上命令になります。それはまさにスピード勝負です。したがって、**社員の目標管理には時間軸の要素を組み込むことも重要**になります。

顧客の購買履歴などのデータ分析もＤ２Ｃビジネスの生命線です。迅速かつ詳細な分析結果から、既存事業や新規事業の計画や方法などを改善する施策を次々と打ち出していかなければ継続的な成長は望めません。

そこで最も求められるのが、**「生きた数値」をマネジメントする**ことによって、確実性の高い次の一手を打つ力なのです。

数字は嘘をつきません。いま取り組んでいる事業の現在地点と進むべき方向を明確に指し示してくれます。

弊社の社員が日常的に行っている数値管理のノウハウには汎用性があります。D2C事業に限らず、何らかの商品・サービスを売る事業を行っている企業であれば、どのような業種業態にも応用可能です。

会社の規模も問いませんが、社員数30名未満の小規模の企業にはとくに有効でしょう。

繰り返しますが、企業が成長するために最も優先的に取り組むべきなのは、数字に強い人材を育てることです。

マネジメントクラス自身も部下も、数字に強くなれば、**組織全体のパワーが最大化**していきます。

私自身の経験から、このことをより多くの方々に伝えたいと考え、初めての著書の出版を決意した次第です。

本書は、単に会計上の数字の分析方法などを説明する本ではありません。

ある事業で一定の売上を上げるために、たとえば１００万円なら１００万円の売上をつくるために、生きた数値をどう管理して、その指標に基づいて具体的にどう行動するか、どんな施策を打てばよいかという考え方のヒントを提示することが目的です。

私が本書でお話ししたいのは、売上に直結する「攻めの数字の作り方」であり、「数字を駆使して業績を上げることのできる人材の育て方」についてです。

これから述べていく数字によるマネジメントの手法を身につけることで、あなたの会社のチームメンバーと組織全体、そして何よりも「数値力」に自信をもった若手社員の言動がごく短期間のうちに驚くべき変貌を遂げることになるでしょう。そのことをぜひ実感してほしいと思います。

２０２４年3月15日

プルチャーム株式会社　代表取締役　田島一貴

目次

第2章

数字に強い人材を育てる極意①

——数値に強くなるための「考え方」

第3章

数字に強い人材を育てる極意②

——数値に強くなるための「方法」

第4章 数字に強い人材を育てる極意③

――数値に強くなるための「環境」

第5章 数字に強くなり、圧倒的な成果を上げた実例

第6章

数字に基づく評価制度のあり方

付章

数字に強くなった人だけに待っている未来

第1章

「数字に強い」とはどういうことか？

各部門のすべてのタスクをKPIで管理する

ここからの内容を理解していただくために、まずプルチャームの体制・機能について簡単に説明しておきます。

弊社ではWebによるD2Cビジネスを展開しており、部門はプロフィット（利益）を生み出す「マーケティング部」とコスト（費用）を管理する「管理部」に分かれています。それぞれプロフィットとコストを担うこの2つの部署は互いに連関しながら、弊社の収益構造（ビジネスモデル）を形成しています。

【図1】は弊社の主力ブランド「イクモア」を対象とした部門別のタスクを示したものです。

「マーケティング部」の重要なタスクは、新規会員獲得、既存会員の離脱防止・顧客単価アップ、CRM（顧客関係管理）／休眠顧客（過去に商品・サービスの購入があったものの、その後一定期間以上購入のない顧客）の掘り起こしなどです。Web媒体・紙媒体やECモールを活用してこれらの施策に取り組みます。

■図１　部門別タスク＆KPI（⇒MBO目標管理）

	部門	重点KPI
プロフィット	マーケティング部	対象：【イクモア】 施策 ・新規会員獲得 ・離脱防止（≒LTV向上）・客単価UP ・CRM／休眠会員向け施策 ＊対象：国内［媒体］Web・紙媒体 ＊対象：国内ECモール
コスト	管理部	・全ブランドサポート全般 ・外注管理：フルフィルメント・コールセンター ・在庫管理、ツール導入 ・イクモア・新規ブランド関連商品の企画・開発全般 ・市場調査 ・新OEM提携先選定

フォロー

★新商品マーケティング
★キャンペーン対応
★在庫調整
★コールセンター施策連携
★バックオフィス業務

一方、「管理部」は主にコスト管理とその削減を担いますが、実際の業務はきわめて広範囲にわたります。

まず、扱う商品・サービスのサポート全般、外注しているフルフィルメントとコールセンターの管理、在庫管理、さらにはイクモア・新規ブランド関連商品の企画・開発、市場調査、新ＯＥＭ製品の提携先選定などです。

マーケティング部と管理部ではすべてのタスクにおいて、社員自らＫＰＩを設定し、各プロセスでの目標数値の達成度を計測して組織全体のパフォーマンスをマネジメントしています。

さらに、社員が自ら管理するＫＰＩは、

弊社が導入しているフレームワークであるＭＢＯ（目標管理制度：社員自ら目標を決め、その達成率に応じて人事評価や仕事を管理するマネジメント手法）にも紐付いています。

このように、**社員が主体的に設定した「数値」という尺度によるマネジメントを徹底すること**。これが弊社の経営戦略の根幹をなしています。

「数字の意味」に対する経営者と社員の意識のギャップ

ビジネスの現場は、**数字を根拠に意思決定をする場面の連続**です。

どんな事業を行う企業であれ、業績を上げるためには数字に強い人材が求められます。

このことに異論はないと思います。

ところが、多くの企業ではそうした人材がなかなか育っていないのが現状です。

とくに、ベンチャーや中小規模の企業で数字アレルギーの社員が多いという話をよく聞きます。

私が日頃から大きな課題として感じているのは、経営サイドと中間管理職、一般社員の間で、**「数字に強い／弱い」ということの意味合いや基準、あるいは期待値にかなりギャッ**

プがあるということです。

経営サイドは入社してくる社員に「数字に強くなってもらいたい」と考えています。一方、一定のビジネス経験を積んだ20代後半くらいの中途入社の社員の中には「自分は数字がわかっている」と自負している人もいます。

この両者が見ている「数字」のニュアンスにギャップがあります。つまり、一般的なサービス事業の経営者が思う「数字に強い」と、社員の「数字がわかる」という感覚はズレているのです。

経営サイドは、プロフィット、つまり売上を伸ばすために既存事業を推進し、新規事業を立ち上げて成功させるための「攻めの数字」を意識しています。

ところが、一般の社員が考えているのはそうではなく、会計上の数字がわかるとか、原価計算ができるといったレベルです。これは、ほぼ決定事項の数値をフォーマット化しているだけです。ここからお金は生まれません。

経営者と社員のこの認識の相違こそが、数字に強い人材が育たない最大の原因なのです。

では、なぜ社員はビジネスにおける数字の意味を理解できていないのでしょうか？

それはおそらく、若いときから数字を扱ってきていないからです。日本の教育の問題でもありますが、高校でも大学でもビジネス数値力について学んできていません。大学の経済学部や経営学部を卒業していても同じだと思います。

さらに、企業に入社してからも入社5年目くらいまでの新人時代に数字を学ぶ機会はありません。そして、経験もなく、ビジネス数値力を会得していないのに、やがていきなりビッグプロジェクトなどを任されたりする。そこで初めて自分の数値力のなさを突きつけられて愕然とするのです。

中間管理職に数値力がなければ数字に強い社員は育たない

ベンチャーや中小企業でも、弊社のように社員数の少ない会社であれば、経営者が直接一般の社員とコミュニケーションをとる機会もあります。しかし、30名以上のある程度の規模になるとそれはまずないでしょう。

そこで重要になるのが、ミドルマネジメント層（中間管理職）の役割です。

経営者は社員に対して、「もっと数値力に強くなってほしい」と期待します。ところが、**ミドルマネジメント自身が数字の意味を理解していないので、部下に教えることができま**

せん。そこでまずミスマッチが生まれてしまいます。

こと数値力に関しては、中間管理職も一般社員も同レベルです。それでは数字に強い人材が育つわけがないのです。

こうした中間管理職の最も大きな課題は、売上や利益の目標に対して「絶対に達成しなければならない」「失敗したらまずい」という強迫観念を抱いていることです。**失敗することへの恐怖感**があります。

ミドルマネジメント層がそういう感覚でいたのでは、その下の一般社員に伝えられることは何もありません。

結局、ミドルマネジメントがさまざまなＫＰＩの意味や収益構造を明確に理解しないままに、一般社員になんとなく業務を丸投げしていくことになります。

一般社員も数字の意味・内容を理解できないので、単に結果としての数字を計算したりデータを入力したりするだけになってしまいます。若い人たちはＥｘｃｅｌだけはわりと得意だったりするので、それで数字がわかったつもりになります。

第２新卒からやや上の世代の人と話していると、こうした傾向が強いことを感じます。

しかし、そこから、売上や利益を上げて企業を大きく成長させるための発想は決して生まれません。

では、どうすればこうした負のスパイラルから脱却できるのでしょうか？

最大の問題は、会社側の仕組みにあります。

そもそも、若い人は数値力を鍛える教育を受けてきていません。大きな企業であれば入社後に社内である程度教育することもできるでしょう。しかし、ベンチャーや中小企業にはそんな余力はありませんから、新卒で入社すると選抜で外部の経営セミナーなどを受けさせられる。そこで、やれクリティカルシンキングなど、使えない知識を教えられて終わってしまう。それでは数値力は身につきません。

私が最も重要だと考えているのは、数値力を育てるための社内の「環境づくり」です【図2】。

環境づくりというのは、外部のセミナーなどに投げて任せっぱなしにするのではなく、**実務の中で実践させて、なるべく早く経験値を上げられる仕組みをつくることです**。

要は、経営側が考えていることや期待していること、とくに「業務で扱う各数値の明確な意味」、つまり自社の収益構造（ビジネスモデル）をしっかり理解させることです。

■図2　解決策：数値力の教育・環境づくり

経営者／上司がビビッていたら（業務・利益構造不理解）
スタッフに数値を任せられない！

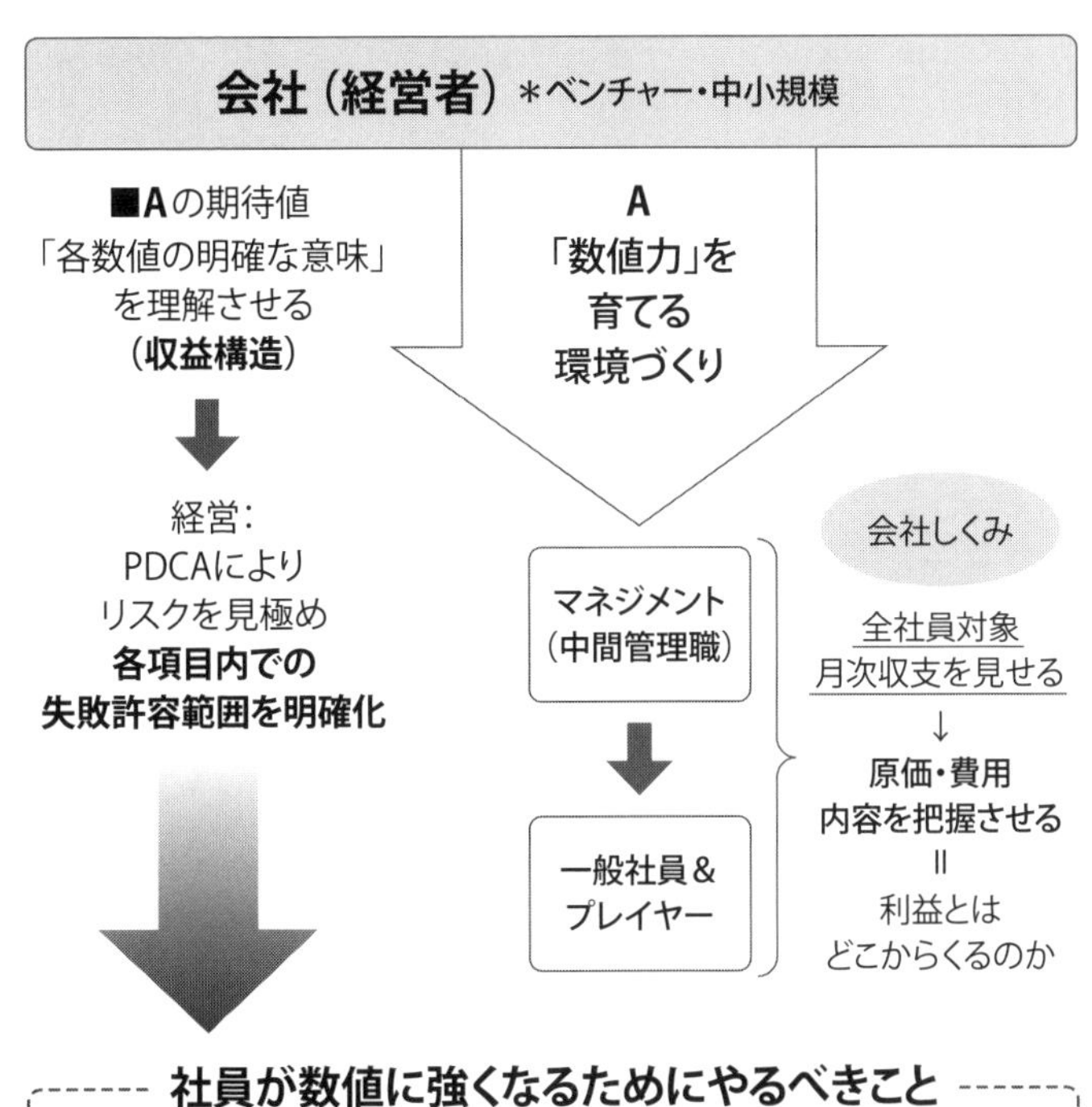

社員が数値に強くなるためにやるべきこと

会社

小さな失敗を複数＆スピードを上げて実施できる環境づくり

社員

数値を怖がらなくなり（≒生きた数値を愛せる）数値を意識したビジネスパーソンへの成長および 部下・後輩へ伝達可能なスキルを修得

それが手っ取り早いのです。その事業で1円稼ぐのにどういう構造になっているのか、その緊張感が早い段階でわかってきます。

たとえば、弊社では毎月の全社会議で、全社員を対象に月次収支を見せます。それも、まとまった数値だけでなく、もっと前段階からの収支を見せています。

これが、個々の社員が設定するKPIにも関係してきます。当該事業ではどういうふうにお金が動いて、**何が原価で何が費用かなどの内容を把握させ、利益とはどこからくるのかを徹底的に理解してもらう**のです。

失敗許容範囲を明確化し、小さい数字から慣れさせる

「数字に強い人材」というのは、すなわち「数字をつくる」ことのできる人材です。

自社の収益構造を理解した上で、数値を裏付けとして事業における売上や利益を上げるための施策を自ら立てることのできる社員を育てなければなりません。

そこでネックになるのが、前述したように「失敗」への恐怖です。

マネジメント層のすべきことは、PDCAサイクルを活用した継続的なリスクマネジ

メントを行いながら、**社員がチャレンジする各項目の中で「失敗できる許容範囲」を明確に決める**ことです。

経営側や中間管理職が失敗許容範囲を設計できるかどうか。それが、数字に強い人材を育てることができるかどうかの分かれ道です。

企業の規模にかかわらず、優秀な中間管理職は人材を育てるために、自分の権限において部下に失敗させても大丈夫だという範疇を計算しながら、トップマネジメントと交渉しているはずです。

一つの事業の中で、リスクを見極めて失敗許容範囲を設定した上で社員にできるだけ早く実践させることが大切です。それによって、社員はまず**「小さい数字」に慣れていきます**。

小さい数字であれば、たとえ失敗しても会社全体にとって大きなダメージにはなりません。社員が**小さな失敗を複数経験しながら**、スピードを上げて実施できる環境をつくる。やがて、感覚がついてくるので、萎縮することもなくなっていきます。

そうすることで、面白いことに**社員は数字を怖がらなくなっていきます**。

たとえば、第5章で紹介する弊社のある社員は、入社後それほど経っていないにもかかわらず、原価を扱うことになりました。コールセンターの外注や商品発注をすると1か月に何千万単位のお金が動きます。もちろん、最初は尻込みしていました。しかし、事業別・作業別に分散化させて、「ここまでは失敗しても大丈夫」と明確化することで数値を扱うスキルが身についていきました。

また、社員に早い段階から数字にかかわらせることの副産物もあります。誰もが最初は怖いので、大きく失敗する前に必ず報告してくるのです。**「このタイミングで上司に報告しなければならないな」という感覚が身についてくる**。その結果、組織に報連相（報告・連絡・相談）の文化が浸透し、事業の進捗するスピードも上がっていきます。

社員が数値を怖がらなくなるということはとても重要です。それは**数字を意識できるビジネスパーソンへの成長を意味**し、部下や後輩にも伝達可能なスキルを身につけたことになるからです。

日本の企業は「数値作業」のレベルを超えられない

ベンチャーにしろ中小企業にしろ、日本の一般の会社では社員の数値力が上がりにくい職場環境になっています（次ページ【図３】）。

新入社員は「Ｅｘｃｅｌが使える」というレベルのフォーマットを埋めるだけの作業から始まって、徐々に見積書・請求書の作成や利益計算の仕事を覚え、やがて既存事業の運営における数値管理ができるようになっていきます。

しかし、これらは数値のマネジメントではなく、単なる〝作業〟にすぎません。

日本人は作業は得意です。日本の企業は大手であれ中小であれ、これまでの社員の数値とのかかわりは作業のラインを越えることがまずありませんでした。

そのため、「木を見て森を見ず」に終わってしまうわけです。

数値作業をどう越えていくか。そこに数値力のレベルの分岐点があります。

数値作業と、ゼロベースから新規事業の数値計画や経営にかかわる数値管理を行えるかどうかは必要スキルレベルと具現力の次元が全く違います。

それでも、社歴を重ねていくと、やがてマネジメント職へ昇進することになります。でも、**マネジメント層になっても数値力は身についていません**。これがとても危険なのです。

マネジメント職は部下もつき、経営サイドからは数字をつくることを考えるよう求められます。

■図3　数値力に関する職場環境

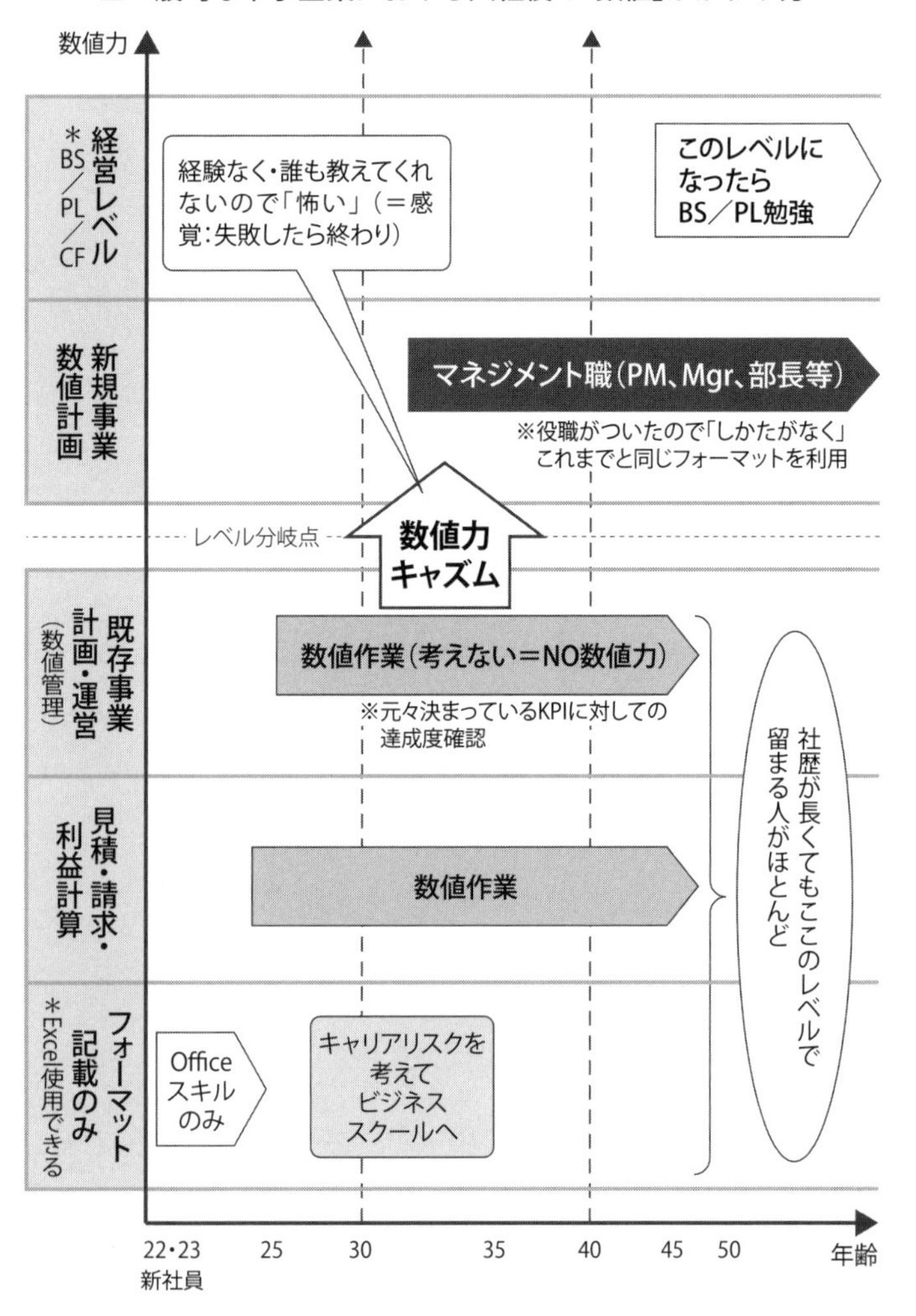

ところが、**ゼロベースから数字をつくる経験はしていませんし、教わってもいません。**なんとなく、上司から言われた数値作業に終始してきただけですから。

イケイケで営業のトップだった人間がマネジメント職になっても、事業をマネジメントするノウハウを知っているとは限りません。

数字を応用できるだけの数値力のないマネジメント層が増えれば業績はやがて低迷し、会社自体が徐々にシュリンクしていってしまう。近年、日本にはそういった企業が多いのではないかという気がします。

数値を検証してメディアを使い分ける

私たちが数字をビジネスにどう活用しているかについて、まず弊社の売上に直結するプロフィットセンターであるマーケティング部門の取り組みを例に挙げて説明しましょう。

D2C事業に必須な数字とは、まず売上をつくるマーケティング考察力です。

とくに現在、Webマーケティング、中でもSNSマーケティングやSNS広告は強力なツールになり得ます。ただし、最初からWebマーケティングありきではなく、重要なのはさまざまなメディアをどう選択するかということです。なぜならば、**メディアの特性・効果をできるだけ早く個々の社員に数字の結果で感じさせること**により、生きた経験値と数値力を身につけるためです。

その際の指標になるのがまさに数字です。このマーケティングを行った結果こういう数字になって、そのデータをどう見て、そして次はどういう施策を打つかといった意思決定を行います。

たとえば、雑誌に広告を掲載した方が売れるのか？　Ａｍａｚｏｎや楽天市場などのＥＣサイトに出店するか？　テレビやラジオで広告を打った方が有効なのか？　あらゆるチャンネルから、売上につながるメディアや方法を選ぶという発想で考えます。

なんとなくの先入観や仮説で、「ネットで広告した方が売れそうだな」といった短絡的な思考をすることはありません。商品別のマーケティング仮説を立てた上で、仮に対象の商品がＳＮＳ広告で売上が実際に思ったよりも伸びたのであれば、ＳＮＳに投入する広告予算を強化します。

弊社では多くのメディアを使っていますが、どこにどのくらいの広告費を投入し、それが売上にどう反映したかを商品別、媒体ごとに個別に数値で検討しています。

起点は「この商品をいつまでにリリースして、販売開始をしたい」ということであり、そこから逆算してメディアを選定します。

この2年ほどで各メディアの効果をかなりきめ細かく測定・精査できるようになっています。

たとえば、育毛剤なら産後のママの抜け毛というニーズがあります。抜け毛が心配になる女性の年齢やタイミングもあります。そういった髪の毛の悩みを持っている女性はどこから情報を得ているのかを調べます。テレビが強いのかもしれないし、働く女性であればモバイルが多いなど、情報を得るための動線を考えながら商品ごとに広告を設計していき、各メディアの力のバランスを見ながらブランディングしていくわけです。

大手企業であれば垂れ流しのマス広告を打つことも可能ですが、弊社のような中小企業にはそこまでの予算はありません。新しい商材が出たらまずＳＮＳなど低予算で使えそうなツールとのマッチングを1回試してみて、効果を数値で検証し、失敗だとわかったら早めに次の手を打ちます。

最近はＷｅｂマーケティングが花盛りですが、オールラウンドな万能メディアはありません。使える部分をうまく活用して、メディアを使い分けていくことが大切になります。

数字に強くなると交渉力がアップする

社員が数字に強くなると、企業にどんなメリットがもたらされるのでしょうか?

いろいろな側面がありますが、とくに社内外に多くの協力者が存在する会社にとって最も大きなメリットは、**「社内外のステークホルダーに対して、業務委託や取引などの場面で数字による説得力をもって説明できる」という点**です。

少数精鋭でD2C事業を展開している弊社には、多くのステークホルダー・外注先があります。

イクモアであれば、広告代理店、海外提携会社、健康食品OEM工場、化粧品OEM工場、フルフィルメント配送倉庫、カスタマーセンター(インバウンド=受信/アウトバウンド=発信)、デザイン事務所、国内ベンダーが主なステークホルダーとなります【図4】。

数字という客観的な尺度を用いることで、外注先との交渉はスムーズに進みますし、業務の属人化を防ぐこともできます。

■図４　主なステークホルダー

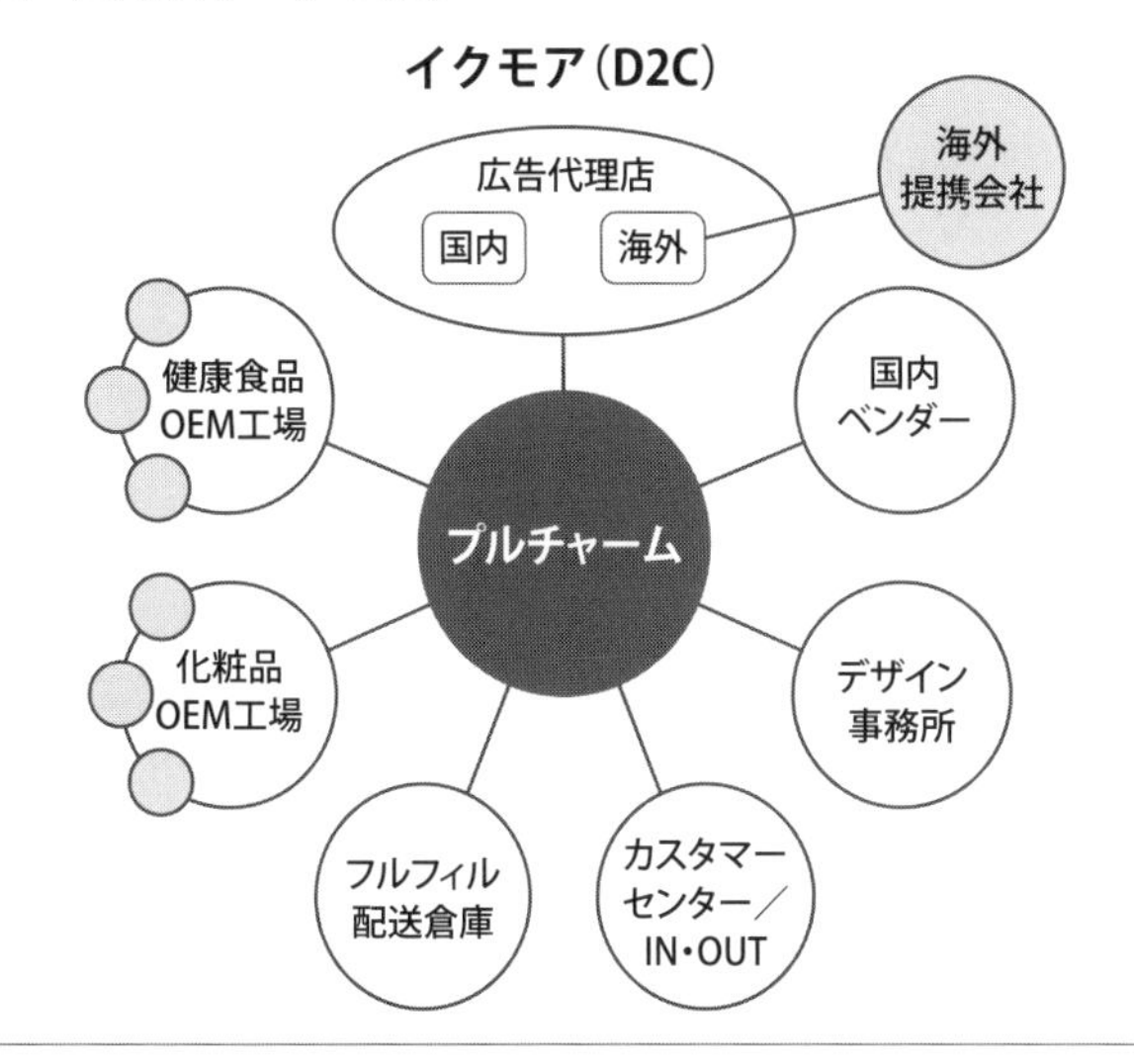

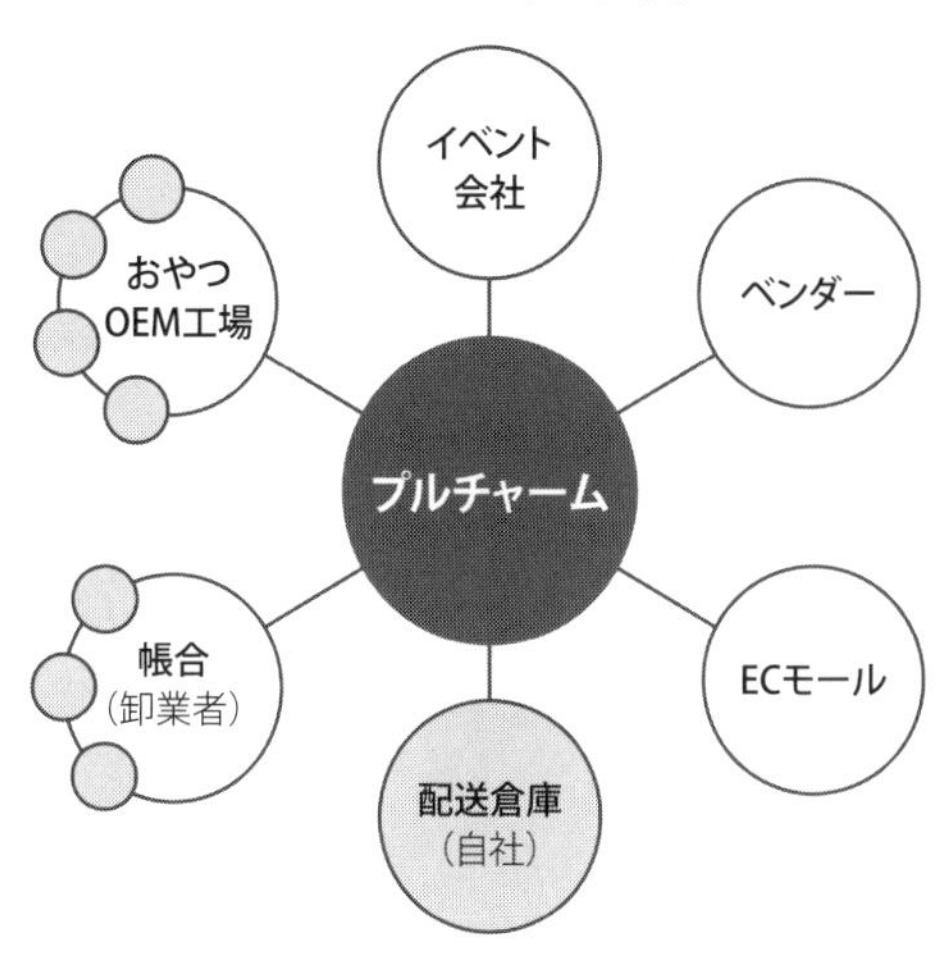

ステークホルダーとの関係はすべて数字に立脚しています。

少数精鋭が成り立っているのは、弊社のステークホルダーがすべて信頼でき、数値でコミュニケーションが取れる企業だからです。

ただし、業務を委託する側がきちんと考えて適切な指示を出せないと、相手はこちらが望むような動きをしてくれません。

弊社の社内スタッフは5名ほどですが、取引のある協力会社が全国あちこちに常に30社以上あります。そうした企業との関係性はきわめて強固です。

それは、数字というきわめて明確な基準で業務を遂行するという徹底的な方針を貫いている付き合いだからです。

ステークホルダーと長く付き合っていくには、互いがWin-Winの関係にならなければなりません。そのためには数字の部分をしっかり押さえておく必要があります。

もうひとつ、数字を根拠とすることの大きなメリットがあります。

それは、「交渉力」「コミュニケーション力」が高まるということです。

コールセンターを例に挙げましょう。

たとえば、外注費を削減するために、業務委託先にコストカットの交渉を行わなければならない場面もあります。そうした場合、一方的な値下げ要請を行うと品質や士気の低下を招くとともに、相手との関係性が悪くなる恐れもあります。

そこで大切になるのが自社と外注先とでＷｉｎ－Ｗｉｎの関係を築けるような合意に導く交渉です。そのための材料がまさに数字です。

たとえば、**互いに合意したコスト削減目標が達成できたら、合理化の結果を数値で見ながら、コストカット分の一部を外注先に還元するといった取り決めを結ぶこともできる**でしょう。

また、外注先の力を引き出すためにも数字は大きな威力を発揮します。

Ｄ２Ｃビジネスでは、とくにコールセンターによる顧客対応の強化がきわめて重要になります。

コールセンターを外注する場合、単に解約やクレームなどの電話を取って対応するだけのアウトソースではその役割を果たすことはできません。お金を払うだけ無駄になってしまいます。

しかし、弊社と外注先のコールセンターとはそういう関係ではありません。顧客対応を相手に任せきりにするのではなく、弊社の担当社員が毎週の数値情報などを共有しながら、根拠に裏付けられた有効なトークスクリプトを作成したり、お客様との電話対応の方法についてコールセンター側とともに考えるようにしています。

たとえば、「解約したい」とお客様から電話がかかってきた場合に、オペレーターが数値・データを材料に挙げながらお客様に説明することで解約を思い留まらせることができるかもしれません。

さらに、解約防止だけではなく、数字による説得力のある対応で優良顧客に転じる可能性もあります。

コールセンターシステムには、インバウンドとアウトバウンドの業務がありますが、弊社では両方の業務をそれぞれ別の企業にアウトソーシングしています。

インバウンドは問い合わせやクレーム、解約申し込みなどの電話を受ける受信業務です。アウトバウンドは主に休眠顧客の掘り起こしや新商品の提案のためにこちらから電話でアプローチする発信業務です。

弊社ではいずれのコールセンターとも、日頃から顧客対応のノウハウの共有を積み重ねています。社員が生きた数値を扱っているからこそ、インバウンドとアウトバウンドのコールセンターを使い分けることができていると自負しています。

コールセンターは同じビジネスに携わるチームだと考えており、その中でのコミュニケーション力、交渉力の精度を高めるためにも数字はきわめて重要なツールになっています。

ＬＴＶを最大化するプロフィットとコスト

ビジネスの基本はできるだけコストを抑えながら、多くの売上を上げることです。

では、単に売上をどんどん確保して、コストは何でも削減していけば企業の業績は伸びるのでしょうか？

そういうわけではありません。売上もコストも〝目先の数字〟にすぎないことがよくあるからです。

まず、**売上には「良い売上」と「悪い売上」**があります。

違いは「利益」に結びついているかどうかです。

「売上が増えれば利益も増える」という錯覚から、「とにかく売上アップを」と突き進んだ結果、増収減益に陥っている企業がたくさんあります。

たとえば、値引きやキャンペーンなどを理由に得た短期的な売上は「悪い売上」です。商品そのものの魅力より、価格に引っ張られているので顧客はすぐに離れていってしまう可能性が高いでしょう。

これに対して「良い売上」は、顧客が企業にロイヤルティー（信頼や愛着）を感じて、継続的に購入するインセンティブのある売上です。こうした売上は、ＬＴＶ（顧客生涯価値：顧客が自社の利用を開始してから終了するまでの期間にトータルで得られる利益を表す指標）の最大化につながり、トータルで長期的な利益をもたらします。

一方、**コストにも「良いコスト」と「悪いコスト」**が存在します。

Ｄ２Ｃ事業における良いコストの好例は、前述したインバウンドのコールセンター業務です。

たとえば、解約申し込みに対する歩留まり率が以前は15％程度でしたが、今は全商品の平均29％（２０２４年１月時点）になっています。これは業界の中ではかなり高い方だと思います。

では、どのようにして解約を防止しているのか？

外注しているコールセンターに「何とかしてください」と頭ごなしにはっぱをかけても何の効果もないでしょう。

解約防止のための武器（戦略やサービスなど）をどんどんつくるしかありません。

「いま、こういうふうに考えるお客様が多いので、こういうトークに持っていけば続けてくれるかもしれません」

過去のデータを参考にしながら、社員はコールセンターに対してこのように説明します。お客様は真剣に悩まれて買うか買わないかを決めています。どのようにすれば、顧客のロイヤルティーに訴えて長期的に購買を続けていただけるかを考える必要があります。

とくに育毛剤がそうですが、１日や２日で効果や実感の出る商品ではありません。結果がわかるまでには短期使用ではなく、継続して使用していただく期間が必要です。そこをどう続けていただけるかが勝負です。

コールセンターでは、「解約したい」というお客様からはもちろん理由をヒアリングしており、解約希望理由をカテゴリー分けして、それぞれの件数などの記録を社内に蓄積して原因分析に役立てています。

このように、定性情報を定量情報に変換することで解約理由の深掘りを行うことができます。

「効果が感じられない」「肌に合わない」などさまざまな理由がありますが、そのデータをためておけば、お客様に電話で説得する材料になります。「効果が感じられない」という方には、3か月後とか半年経ったときに「そろそろいかがですか?」とアプローチできますし、「肌に合わない」という方にはデータが揃った敏感肌向けの医薬部外品の商品を勧めることもできます。

解約抑止は、弊社のようなビジネスでは収益に直結する重要テーマであり、そこに投入するコストは利益に結びつく可能性の高い「良いコスト」になります。

第2章

数字に強い人材を育てる極意①

——数値に強くなるための「考え方」

■図5　3つの要素・相関図イメージ

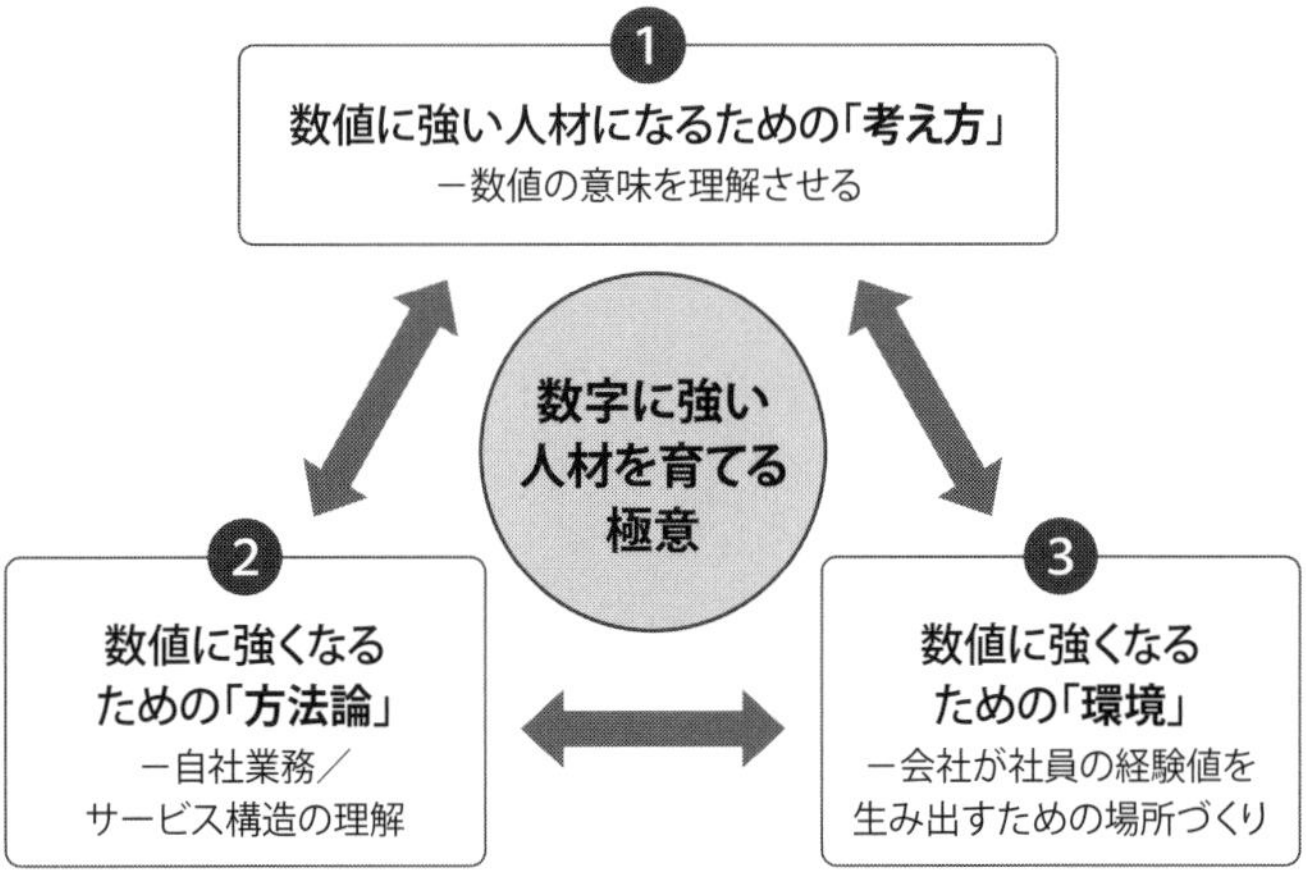

本書のテーマは「数字に強い人材を育てる極意」です。

この中には、**「考え方」「方法論」「環境」の3つの要素**があるのではないかと思っています【図5】。

考え方とは、「数字の意味を理解する（させる）」ことです。

方法論は「自社の業務・サービス構造の理解」です。

環境は「会社が社員の経験値を生み出すための場所づくり」を指しています。

まず、この章では「数字に強い人材になるための考え方」についてお話しします。

業務のプライオリティを明確化する

弊社では親会社時代から15年以上ＥＣ事業を行ってきて、徐々に数字に強い人材が育っていきました。

その経緯を紹介することで、数字に強い人材になるための「考え方」の一端を理解していただけるのではないかと思います。

そこで、改めて弊社プルチャームの設立背景について説明します。


弊社は、さまざまな化粧品、健康食品など自社ブランドのＤ２Ｃ事業を展開するＥＣＨ株式会社から、４年ほどビジネスを行っていた事業部を独立させる形で、２０２１年6月に設立されました。

もともとのスタートは２０１３年。女性向けマーケティング&コンサルティング会社としてオフィスＫＡＺＵＭＩプラス株式会社（旧社名）が設立されました。

その後、Ｗｅｂマーケティング・商品企画・製造・流通のノウハウを生かした新規事業の展開として健康食品・化粧品通販を事業化。女性向け育毛剤「iqumore（イクモア）」と2017年より犬用おやつ「CheriWAN」のブランドを立ち上げて、国内外に向けて展開してきました。

さらに、D2C事業の強化に伴い、2019年11月、現在の社名に変更し、独自のブランド戦略を打ち出すことになりました。独自のサブスクモデルを少数精鋭で構成し、外部パートナー間の連携強化を実現するスキームによってブランド展開を行っています。

弊社の主力ブランドである「イクモア」は、医師および、毛髪診断士、コスメコンシェルジュ（化粧品の専門家）監修のもと、シャンプー・トリートメント、育毛剤（医薬部外品）・頭皮美容液、女性の持つ普遍的な健康の悩みに対する複数の健康食品（機能性表示食品）の自社企画商品展開をしています。

そのコンセプトは、女性の美容健康に関する多くの悩みである「全身の血流の巡り」「冷え」に着目し、年齢を重ねた女性の薄毛・抜け毛などのヘアケアにも生かしていることです。

複数商品がモンドセレクションでの受賞歴があり、中でも女性用育毛剤（医薬部外品）「イクモアナノグロウリッチ」は2020年に金賞を受賞しました。

イクモアは、2018年7月からの販売実績で、シリーズ累計100万個を突破しました（2024年1月時点）。

弊社にとって、数字が生命線だということが強く認識されるようになったのは分社化の前後です。

親会社のECHは健康食品、化粧品などのEC通販事業を行う企業として2006年に設立されました。当時全社社員数は80名以上いる組織であり、製造以外はすべて社内で賄っていました。

そもそも世の中にはまだD2Cやサブスクという文化が存在しておらず、外注化という発想があまりありませんでした。コールセンターやデザイン部門なども社内にありましたし、販売量が少なければ商品の箱詰めも社内で行うことが可能でした。

このように、Web通販サービスのあらゆるプロセスをワンストップで行っていたため、各業務についてのさまざまなノウハウを把握することができました。

そして、重要な業務と重要ではない業務を仕分けすることができました。

各業務のプライオリティが次のように明確化されたのです。

時間をかけるべきところとかけないところ

まず、一つ目は「時間」です。時間も人数も限られているので、どこに時間をかけて、どこにかけないかを先に決めておく必要がありました。最も時間をかけるべきなのはやはり商品開発です。ラベルを貼り替えて売るのはいくらでもできますが、品質や仕様など納得のいく商品をつくるためには多くの時間を費やさなければなりません。とくに、医薬部外品は審査だけで申請から最低でも1～2年以上はかかります。しかし、商品が具体的に動き始めたら、スピード感をもったマーケティング戦略が必要になります。

投資をするところとしないところ

次に、「投資」をするところと、しないところも明確化しました。人も時間も限りある資源です。それらの**資源をどこに投入すべきかをはっきりさせておく**必要があります。

内製化すべきところと外注化してよい業務

そして、内製化するべきところと外注化してよい業務を決めなければなりません。**マ**

ニュアル化しようとしてもできないノウハウの部分にかかわる業務は内製化すべきです。

一方、プロに任せた方が効率的に回る部分は外注化してもよいわけです。逆に、本来は内製化して社内に蓄積すべきナレッジを外部に出すのは危険です。

何がD2Cモデルの専門性になるか？

突き詰めると、D2Cモデルの専門性は、とくにWebマーケティングとECの運営の部分になります。

もちろん、商品の差別化とマーケティングスピードが重要であることは言うまでもありません。

外注（プロのパートナー企業）を使う／支払う意義

とくに重要なのは、**外注を使う（その道のプロ集団に対価を支払う）意義を明確にすること**です。探そうと思えば外注先は全国にいくらでもあります。しかし、自分たちの本当にやりたいビジネスを実現するためには、信頼できるパートナーと長く付き合っていく必要があります。スピードや費用対効果も含めて、社内では補完できないノウハウを持っている外注先を選定しなければなりません。

弊社では、経験から明らかになった業務のプライオリティに基づいて、餅は餅屋でプロに任せた方がよい業務は外注化し、内製化するものはWebマーケティングとEC運営の部分にほぼ特化しました。

あらゆる業務遂行に必須の定量基準「KPI」

ビジネスにおいてあらゆる業務に必須の定量基準が「KPI」です。

KPIは目標達成に至る各プロセスでの達成度合いを計測・監視するための定量的な指標です。KPIの達成状況を確認することで組織のパフォーマンス状況が把握でき、**達成度合いと目標とのギャップを明らかにする**ことで、取り組まなければならない施策が明確になります。

最近では多くの企業がKPIを導入していますが、とくにWebマーケティングの業界ではかなり前から注目されていました。インプレッション（広告の表示回数）やUU（ユニークユーザー：Ｗｅｂを訪れたユーザー数）といった指標がよく使われていました。

ＥＣ通販の世界でのＫＰＩもそこから派生してきていますが、ＫＰＩの意義がだんだん変わってきています。

また、会社によって指標の混同も見られます。たとえば広告のコストパフォーマンスの指標である「顧客獲得単価」を示すＫＰＩにＣＰＡ（顧客獲得単価）とＣＰＯ（注文獲得単価）があります。

ＣＰＡは、コンバージョン１件あたりにかかった広告の費用対効果です。ＣＰＯは新規顧客からの注文１件にかかった広告の費用対効果です。

どちらの基準を使うかが会社によってバラバラです。ですから、こうした指標管理の在り方を整理する必要があると考えています。

弊社におけるＫＰＩの考え方は次のようなものです。

各部門の業務の進め方や新規事業などについてのアイデアは、最初はすべて定性的なものです。しかし、**目標に至る各プロセスの達成度合いを評価する際には、可能な限り定量化する**ようにしなければなりません。この「数値化して評価する指標」を弊社では

KPIととらえています。

これができていない企業が少なくありません。もともと日本人は子どもの頃から定性的なものを数値化することが苦手です。ですから、社会人になって上司から「この指標を数値にして目標をつくってみて」と指示されてもどうしていいのかわかりません。

弊社では新人のときからMBOの設計も行います。定性的なものを定量化して考える習慣をつけさせることが一つの目的です。

たとえば、シャンプーの商品企画をする際に、シャンプーをつくることを決めたら、まずフィジビリティ(実現可能性)を調査・検討し、完成して納品されるところまでどのくらいの時間とお金がかかるのかを数値に落とし込んで設計させます。

このように数値化によってタスクを設計することが、**その会社における「オリジナル評価軸」**になります。それが本当の意味で有用なKPIになるのだと思います。

弊社では、すべての部門の業務フローがKPIで管理されています。ここが一般の会社との違いです。

プロフィットセンターはもちろん、コストセンターにおいてもできる限り数値化した目標をつくります。

たとえば、原価に関するもの、社員の動きに関するもの（残業、ミーティング時間など）、外部業務委託全般の費用などです。

原価管理については第3章で詳しくお話ししますが、弊社ではSKU（最小管理単位）別の在庫管理を行っています。

社員の動きに関しては、KPIのパフォーマンスが上がっていないタスクについてはそれに**どのくらいの時間を費やしたか**を必ず確認します。たとえばSNSの運用で、投稿に対する「いいね」の数字を集めるのにどのくらいの時間がかかったかなどです。時間配分に見合った結果が得られなければ、効率の悪い仕事だということになります。

このようにすべてのタスクを数値化することで後々の判断に役立ちます。社員は「ここに時間をかけてはダメだな」といった判断が容易にできるようになります。

あるいは、BO（バックオフィス）業務では、少し調べるだけで、在庫管理や経理・法務関係など同等のサービスが年間でかなり節約できるものがあります。数字で明確に見えてくるからです。原価もすべて社員に管理させています。

自社オリジナルのＫＰＩ設計を

このように、弊社にはオリジナル評価軸になるＫＰＩがたくさんあります。

近年、ビジネスの世界ではＫＰＩが重視されていますが、他社のものを真似ただけでは借り物になってしまい、そのパワーは発揮されません。ぜひ、自社の事業に合ったオリジナルのＫＰＩをつくることをお勧めします。

その際、「自社のオリジナル評価軸になるものは何か？」という視点から逆引きしてＫＰＩを設計していくのがよいでしょう。

そのためには、新たに入社した社員にはまず自社の業務内容やサービスの収益構造をしっかりと理解してもらうことが大切です。それを行えば必ず自らの業務のＫＰＩを設計できるようになります。逆に自社の業務と強みがわかっていないと、ＫＰＩの設計はできないでしょう。

たとえば、化粧品のＤ２Ｃビジネスを展開している企業が、弊社と同じようなＫＰＩを設計したとしてもうまくいかないと思います。それぞれの会社の事業の特性やビジネスモデルが違うからです。

オリジナルのＫＰＩを設計するために重要なのは、アイデアのように定性的な要素を定量的な評価に変換する作業です。このプロセスがオリジナルのＫＰＩをつくるために欠かせません。最初のアイデア出しの段階から無理に定量化を試みると、ありきたりのＫＰＩになってしまいがちです。

商品・サービスを提供する企業であれば、どのような事業においても「商品企画」は重要です。弊社では商品企画ももちろん定量化しています。

たとえば、若い女性社員が「いままでは40代以上の年齢をターゲットにした商品を扱ってきたけれど、次は20代向けの商品を考えたい」と言ってきたとします。これだけでは、企画内容が漠然としています。

そこで、まず**できるだけ数値を根拠として商品設計を考えさせます**。そして、投入する時間と予算も数字で示させます。その時間内にしっかりと商品設計を行い、マーケティングを考え、広告予算も最初に設計させて、スモールスタートさせていきます。

企画のアイデアの段階では定性的な情報が重要です。しかし、その企画を実現させるためには定量化とＫＰＩの設計が必須になります。

ＫＰＩによる数値管理で早期の軌道修正が可能に

では、ＫＰＩによる数値管理を行う目的はどこにあるのでしょう？

ＫＰＩのメリットの一つに、**各プロセスで数値が達成できなかった場合の軌道修正がスピーディーに行えるという点**が挙げられます。

ビジネスを進める上で、まず仮説のＫＰＩを設計します。しかし、そのＫＰＩの考え方自体が正しいのか間違っているのかは、実行してみなければわからないものが少なくありません。

思っていたような結果が出ない場合、深追いしすぎると致命的な失敗につながるリスクがあります。そこで、より早期にビジネス修正やシナリオ変更を行わなければなりません。想定していたＫＰＩに対して、悪い結果（ＫＰＩ未達）が出た場合は再び定性的な考え方に戻ってプランを再考します。

ＫＰＩによる数値を管理・分析することは、次の一手を考えることに役立ちます。

絶対に避けなければならないのは、ＫＰＩの達成がノルマになってしまうことです。目標を達成したいがために、ただ数字を追いかけるようになるのは本末転倒です。

ＣＰＡは１万円でなければダメだ、新企画を１００件考える、コールセンターの電話は何件受電しなければならないなど、ＫＰＩはこうしたノルマ達成を目的にしているのではありません。

とくに、変化の早いＤ２Ｃ業界では施策にスピード感が求められますので、ＫＰＩによって目標達成度合いを細かくチェックしていくことは必須です。

変化の激しいＤ２ＣやＷｅｂの世界では、少し前まで有効だったＫＰＩが一瞬にして的外れのものになってしまうこともよくあります。そうした温度感を察知することはとても重要です。

ＫＰＩで数値を管理・分析して次の一手を考える

ここで一つの事例を紹介します。

ＫＰＩ数値管理が転売ヤー（定価で購入した商品を高額で転売することで多額の利益を得ようとする

個人または事業者）による不正注文対策に役立ったという最近の事例です。

ＥＣ通販を運営する上での大きな課題の一つが不正注文対策です。

中でも無視できないのは、転売ヤーによる転売を目的とした購入です。

化粧品や健康食品のＥＣ通販でとくに多く、大きな問題になっています。化粧品や健康食品はオークションサイトでの需要が高いため、商品単価が低くても被害に遭う可能性が高いのです。

とくに、新規顧客獲得のために多くのＷｅｂ広告を出している会社が狙われます。

中にはあくどいアフィリエイター（成果報酬型広告で収入を得ている人や会社）が加担している場合もあります。悪質なアフィリエイターが故意に自身のサイト経由で商品を購入し、見ず知らずの住所を登録し送りつけることにより、広告成果報酬のみ受け取ろうとする個人もしくは法人の手口です。さらに、購入した商品を転売して二重の利益を狙う悪質なアフィリエイターも存在します。

こうした不正注文で購入された商品が転売されると、商品がフリマアプリやＥＣモールなどに流通して商品が値崩れしたり、企業やブランド価値、運営サイトの信頼が低下します。また、品質が悪化した商品が転売されることも少なくないので、購入者からのクレームが多発するリスクがあります。

ネット上にも不正購入を検知する仕組みがあります。たとえば、購入のためにはクレジットカード情報を入れる必要がありますが、怪しいカード情報はサーバーがはじくようになっています。

また、物流で止めることも可能です。商品が購入カートに入ってきても、発送する前に業務委託しているフルフィルメントセンターで怪しい住所があると目視ではじき、出荷を止めます。

それでも、そうした仕組みをすり抜けていくケースも少なくありません。対策を打ってもイタチごっこで、弊社でもこれまで外部のパートナー各社の協力のもと転売ヤーとの戦いを繰り返してきました。

転売ヤーによる不正注文が関与している可能性を示すKPIの一つは「継続率（リピート率）」です。

継続率は新規顧客のうち2回以上購入したお客様の割合です。

たとえば、１か月に１００人の新規契約者を獲得できたとして、そのうち70人が２回目も継続して定期購入契約を行った場合、継続率はどうなるかを見てみます。

継続率の計算式は次のとおりです。

継続率（％）＝２回目契約者数÷初回契約者数×１００

つまり、70人÷１００人×１００＝70％

となります。

転売ヤーによる購入が増えると、この継続率が極端に低下します。あるいは、逆に解約率が急激に高くなります。転売ヤーはまず2回目は継続しないからです。

広告のコンバージョン獲得などの数字は高くなったのに、継続率が下がるような場合はとくに要注意です。また、転売ヤーが増えるとＣＰＡが上がるので、よくない広告費のかけ方になってしまいます。

そこで弊社では、継続率の変化を見ながら、転売ヤーを排除するために弁護士事務所に相談して、運営サイト内に転売などの不正注文には厳格に対処するという旨の説明文を掲載する対策を講じました。これによって転売ヤーによる購入が減りました。

結果として、継続率は上がり、低下したＬＴＶも改善しました。

言うまでもなく、リピート通販において継続率というのはきわめて重要なKPIです。再購入が多ければ売上に直結しますし、新規顧客に比べてリピート顧客の獲得コストは低いので利益率が高くなるからです。

リピート通販の業界では継続率を常にチェックしています。2回目だけではなく、3回目、4回目も追い続けます。そうすることで、長く継続してくださる方の特性もわかってきます。

商品企画からEC運用までのフローをPDCAで回す

D2Cサブスク事業は概ね次のような業務フローで進んでいきます（次ページ【図6】）。

①商品企画

新しい商品を開発する際には、本当につくりたいものができるかが成功の鍵になります。「つくりたいもの」には、予算、納期、他商品との差別化などさまざまな条件があります。

■図６　D2Cサブスク事業・業務フロー

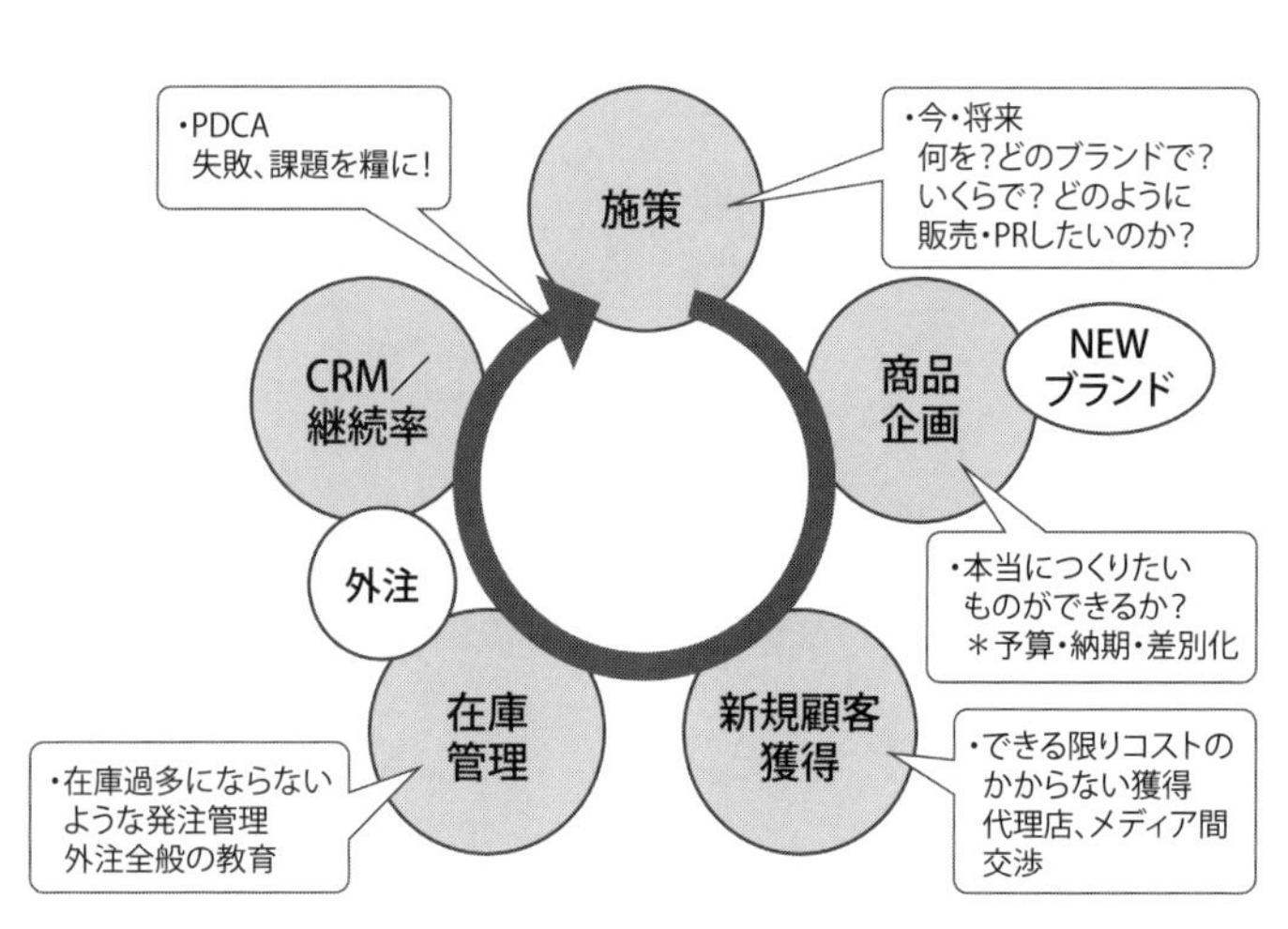

②新規顧客獲得

できる限りコストをかけずに新規顧客を獲得しなければなりません。Ｗｅｂマーケティングの活用が中心施策になります。広告代理店や各メディアとの交渉が必要です。

③在庫管理

在庫過多にならないような発注管理が必要です。フルフィルメントセンターなど外注先全般への教育が欠かせません。

④ＣＲＭ／継続率

Ｄ２ＣのＥＣリピート通販で最も重要なのはＣＲＭ（顧客関係管理）と言ってもいいでしょう。顧客との信頼関係を構築して、自社に対する満足感やロイヤルティーを高めることが、継続率アップにつながります。結果、顧客のLTVが向上し、ビジネスの収益性が高まります。

KPIに基づいた費用対効果の高いWebマーケティング

前述したように、D2Cモデルの専門性は、とくに「マーケティング」と「EC運営」の部分にあります。

まず、費用対効果の高い集客のためにはWebマーケティングが欠かせません。

D2Cビジネスではマス広告のような広い範囲をターゲットにした広告は響きにくく、よりターゲットを絞り込む必要があります。

新規顧客獲得のためには、まず自分たちが想定しているターゲットやニーズに対して最初にWeb広告やSNS広告を打ちます。ところが、それがすぐにターゲットにうまく刺さることはあまり多くはありません。したがって、Webマーケティングには思った以上に時間がかかります。

たとえば、FacebookやTicTok、Instagram、X（旧ツイッター）

といったＳＮＳ広告、またＹａｈｏｏ！広告やＧｏｏｇｌｅ広告などのリスティング広告など媒体はさまざまです。そして、これらの媒体はターゲット層はもちろん、手法やコンテンツ、訴求の仕方、ＫＰＩなどがそれぞれ違います。

商材によって媒体を選択し、コンバージョンにつながりやすいユーザー層に効率よく情報を発信する必要があります。

ユーザーが多いという理由だけでＷｅｂ広告媒体を選定すると、空振りに終わることも少なくありません。

弊社の育毛剤の場合で言うと、コアなターゲット層は40代後半から60代女性です。また、髪の毛の悩みには「ボリュームがなくなった」とか「白髪が増えた」などいろいろな悩みがあります。

私たちとしては、そこに刺さる人に向けて情報を発信したいわけですが、実際の購買層もすべてメディアによって異なります。ですから、ターゲティングにはとても時間がかかります。

このへんを調整・選別するには、かなり高いクオリティーの制作ノウハウが必要になります。したがって、それぞれのメディアに強い広告代理店を選んで外注しなければなりません。

こうしてターゲットや媒体、手法が決定したら、媒体ごとに目標を達成するためのKPIを設定することになります。

一般に、前掲のCPA、CPO以外に、Web広告による獲得施策や費用対効果に関するKPIには次のようなものがあります。

●CV（コンバージョン数）：Webサイトを訪問したユーザーが問い合わせやメルマガ登録を行ったり、通販サイトでは最終的な商品の購入に至った数。

●CVR（コンバージョン率）：サイトに集客したユーザーのうち、どのくらいの割合がコンバージョンに到達したかを示す指標。コンバージョン数÷訪問（セッション）数×100（%）で計算する。

●ROAS（広告費用対効果）：広告費に対する売上の割合。売上÷広告費×100（%）で算出される。

弊社では、これらKPIの達成度合いなどを確認しながら、広告代理店と連携して日々コンテンツやクリエイティブをチューニングしながら格闘しています。さらに、たとえば育毛剤が得意な広告代理店と健康食品が得意な広告代理店など、商材によっての得意不得意もあるので、しっかりと連携して運用していかなければなりません。

この部分は内製化できないので、それなりのコストを払ってでも外注化する意義があります。

CRMで顧客ロイヤルティーを向上させる

EC通販において既存顧客の売上を高めるために重要なのがCRM（顧客関係管理）です。その目的は顧客ロイヤルティーの向上です。

弊社の場合、ユーザー層がはっきり分かれています。長く使っていただいている方や客単価の高い方と、初めて使っていただいた方では間違いなく自社ブランドに対する温度が違います。

サブスクのリピート通販事業は、継続的な利用によって利益が生まれるモデルになっているので、解約率を下げて長期間利用してもらうことがとても重要になります。

顧客ロイヤルティーを高めるための施策としては、ＳＮＳやメールでの連絡やＤＭ、商品の同梱物などさまざまあります。時代や顧客に合わせたコミュニケーションツールを幅広く利用していく必要があります。

顧客ロイヤルティー向上のために最も重要なのはやはりコールセンター、とくにインバウンド（既存顧客からの受電対応）の部分での対応です。

既存顧客に対しては、定期購入をやめたい理由や休眠理由別セグメントを数値で明確化することで、歩留まり率を上げて離脱防止を強化する必要があります。

顧客ロイヤルティーが向上することで、クロスセル（ある商品の購入を検討している顧客に、別の商品もセットもしくは単品で購入してもらうこと）やアップセル（ある商品の購入を検討している顧客や以前商品を購入した顧客に、より高額な上位モデルに乗り換えてもらうこと）によって、ＬＴＶと顧客単価を向上させることも可能になります。

第3章

数字に強い人材を育てる極意②

——数値に強くなるための「方法」

数値力レベルを上げる人材育成ステップ

弊社において、入社後に社員がどのように数値とかかわっていくか、その流れを説明しましょう【図7】。

ポイントは、**できるだけ早く各数字の意味を理解し、生きた数値を扱って数値力を鍛えること**です。

■数値力〈レベル0〉＝入社後3か月〜6か月間

弊社の社員は基本的に中途採用ですが、D2Cビジネスの経験者はいません。そこで、入社後にまず行うのは、D2Cの**業務フローを徹底的に覚えてもらい、収益構造を理解してもらう**ことです。少数精鋭の会社なので、すべての社員が業務の全体像を共有することが不可欠です。

さらに、重要指標KPIの意味を理解するために、既存のKPIから重要なものを抽出しレポート形式にて、定例で報告させます。そして、その指標を他の社員とも毎日共有

■図7　入社後の「数値」とのかかわり方①

どれだけ早く**「各数字の意味を理解」**し
「数字を怖がらず」「生きた数字を扱えて」
数値力を鍛えるか

数値力	タスク（＊Excelスキルは不問）	目的（経営からみた視点）
〈レベル0〉 入社後 3か月～ 6か月間	・D2C業務フローを徹底的にインプット ・既存report（KPI）抽出 ・毎日重要指標を共有（新人）	・どこが「利益」になっているのか？ ・重要指標KPIの意味を理解させる ・日々の数値の動きを意識させる
〈レベル1〉 入社 半年以降 （試用期間 終了後） ～1・2年	〈マーケティング部署の場合〉 ＊MBO管理 ・担当している業務の小さなKPIを設計させる（プロフィット、コストどちらも） ・自ら設定したKPIを報告し達成率／課題確認 ・KPIに関する項目を増やす・報告 ※できるだけ多くの件数をこなす（経験値）	・自分で考えた（小さくてもOK）KPI目標（売上・利益・コスト削減など）を設計し報告させる ・小さな案件によって「数字」への慣れ感を強くし、上長への報告内容のレベル・スピードを上げる ・簡単な事業設計から予実管理作成力
レベル分岐点		
〈レベル2〉 入社 半年後～ 1・2年以降 （年齢問わず）	・担当部門【既存】事業計画を管理 プロフィット：D2C重点KPIベース（売上/利益管理） コスト：外注管理（コスト管理） ・新規事業：小さなサービス計画と並行して目標予実を作成 ・部下／後輩に「数値」インプット	・スタッフ→リーダーに昇格できるスキルがあるか？ ・本当に必要な重点KPI設計＆運用力を上げる ・扱う額面が大きくなっても対応できる力 ・自分が考えた数値を周りに共有する力

することで日々の数値の動きを意識させます。

私は採用時の最終面接の折に、必ず「勉強は好きですか？」と質問します。Ｗｅｂや商品、数字など勉強しなければならない範囲は広く、常に勉強をしていないと成長できない環境にあるからです。

弊社ではすべての部門が数字にかかわることになります。デザイン・制作系でも同様です。私たちのビジネスではお客様の視覚に入る、Ｗｅｂデザイン（ランディングページ、メルマガ、同梱物など）は大変重要な戦略に当たるため、制作したら終わりではなく、それがどのように見られたかを分析する必要があり、必ず数値による分析がついてきます。

もちろんこの段階で、ＷｅｂやＥｘｃｅｌの扱いも覚えますが、このレベルのタスクは半年もあれば身についてしまいます。なるべく早く終わらせることが前提です。

数値力〈レベル１〉＝入社半年以降（試用期間終了後）〜１・２年

ここからは担当部門によって業務は異なりますが、プロフィット部門でもコスト部門でも、各タスクのＫＰＩを自分で設計して達成率を計測・監視し、ＰＤＣＡを回しながら目標管理をすることになります。

ここではマーケティング部門を例に説明しましょう。

最も重視しているタスクは、**担当している業務のKPI（売上、利益、コスト削減など）を自ら設計し、そのKPIを報告し、達成率や課題を確認すること**です。たとえ小さなKPIでも、自分で考えて報告することで数値に対する意識づけが進みます。

やがて、与えられるKPIの数は増えてきて、いろいろなタスクができるようになり、経験値が高くなっていきます。Webマーケティングであれば、リスティング、アドネットワーク、LINE、Instagram、Facebook、X（旧ツイッター）などをすべて数値で管理できるようにならなければなりません。

弊社では、新人とはいっても20代半ば以降の転職組しかいないので、教育のための時間的猶予はあまりありません。まずはいろいろなことの経験値を高めることが必要です。

ですから、1年ほどの間にできるだけ多くの案件をこなしていきます。小さな案件を積み重ね、成功も失敗も経験することで、早く数字に慣れさせていきます。ここが高い数値力を身につけるための勝負どころになります。

数値力〈レベル2〉＝入社半年後～1・2年以降（年齢問わず）

レベル1とレベル2の間には大きなレベル分岐点があります。ここを超すことができればリーダー、マネジメント層に昇格できるスキルが身についたと判断されます。逆にこのラインを超えられなければ、25歳だろうと50歳だろうと同じ仕事をすることになります。

タスクとしては、まず担当部門において既存の事業計画を管理します。プロフィット部門であれば重点ＫＰＩベースで売上・利益の管理を学びます。コスト部門であれば外注のコスト管理を覚えます。

さらに、新規事業の立ち上げも体験させます。小さなサービス計画を立案し、目標の予算と実績を作成します。ＰＬ（ここでは、事業計画立案における損益計算あるいは収支計画を指すものとします）を書かせるなど数字の設計も行います。

最初は業務を細分化して小さい数字を積み重ねることで経験値を上げていき、やがては扱う額面が大きくなっても対応できる力が身についていきます。

ここまで来ると、部下・後輩に対して数値による管理を指導・教育することができるようになります。

こうした弊社の数値とのかかわり方の流れをイメージ化したのが次ページの【図8】です。

レベル0～1をクリアしてレベル2に到達すると、まず「既存事業」の計画・運営の数値管理ができるようになります。さらにステップアップすると、「新規事業」の数値計画を行うことができるようになっていきます。

ここまで到達すれば、BS（貸借対照表）、PL（損益計算書）、CF（キャッシュフロー計算書）などの財務諸表の知識も現場感覚ですでに体得しており、経営レベルで事業展開を考えることができるようになります。

さらに、自身ができるようになるだけではなく、部下にも教えられるようになり、組織全体のレベルが底上げされます。これによって、会社がオリジナルの価値のあるものに成長していくのです。

このように、弊社では一般の企業と比べて、数値力が短期間に鍛えられ、自然とゼロベースの数値を設計・管理できるようになっていくことがわかると思います。

私が重視する数値力のポイントは、ビジネス実践において生きた数値の仮説検証ができ

■図８　入社後の「数値」とのかかわり方②

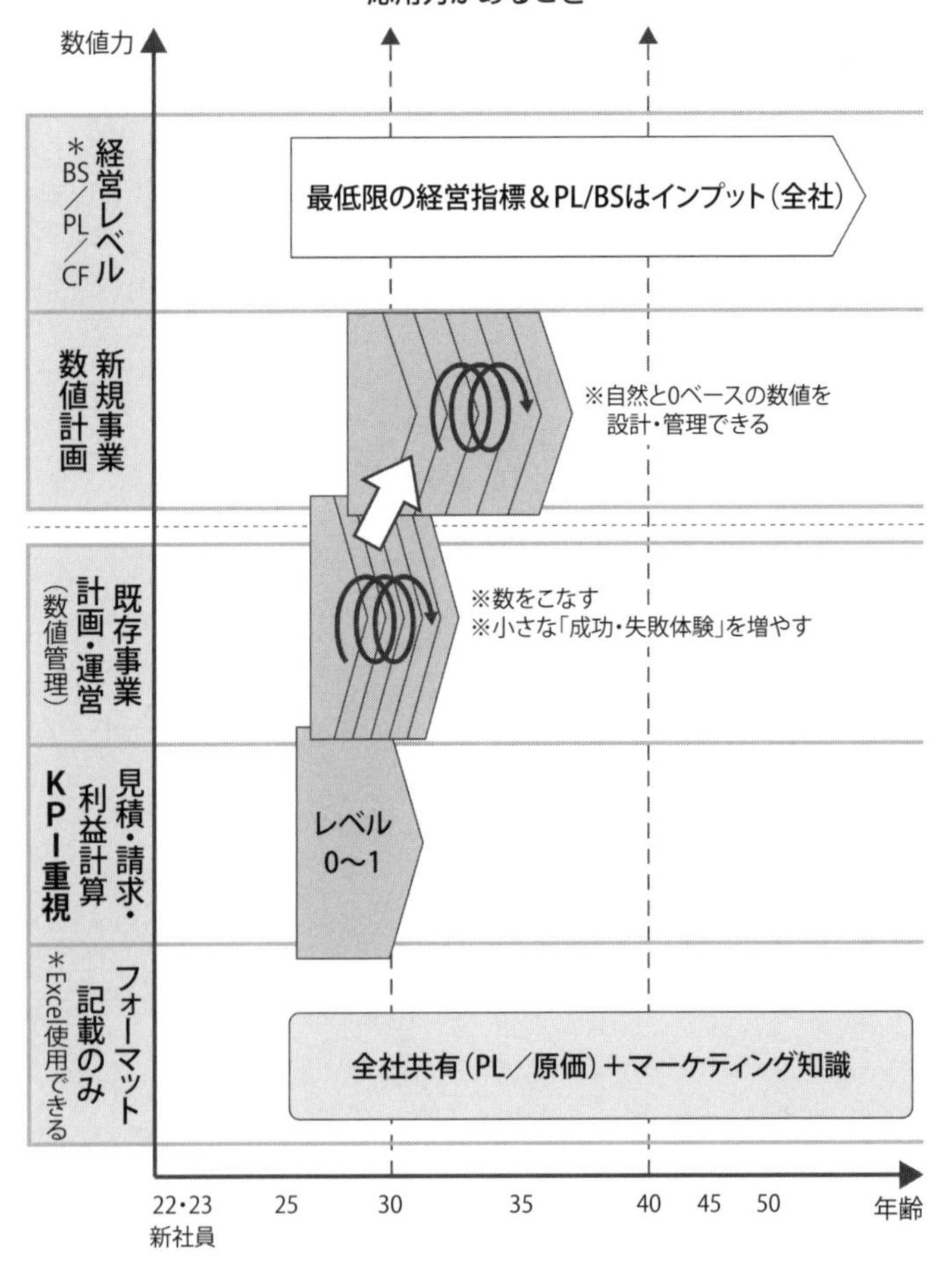

る応用力があるかどうかということです。

こうした数値力は、必ずしも社歴や年齢を重ねれば身につくというわけではありません。段階を踏んで生きた数値の扱い方を習得すれば、若い社員でも経営レベルの実力が身につくのです。

入社後すぐに待っている数値の〝洗礼〟

弊社の**数値力教育**は入社後すぐにスタートします。

まず、新入社員に対しても全社会議の資料を見せますが、多くの新人たちは「どうしてこんなにたくさん数字が並んでいるんだろう？」と驚くようです。

とにかく、新人にとってはインプットする範疇がきわめて広いので最初は大変だと思います。ＫＰＩなど数値についてはもちろんですが、化粧品・健康食品を扱う会社なのでその商品知識や情報を学ぶ必要がありますし、ネット通販の会社なのでＷｅｂマーケティングについても習得しなければなりません。他にも、Ｄ２Ｃビジネスの仕組みや薬機法関連の知識など学ぶべきことは数限りなくあります。

これらは、どの部署、どの担当になっても知っておかなければならない知識です。

さらに、こうしたインプットをすべて業務で行いながら、全社的に目標にしているKPIについても把握し、その中で自分が属している部署ではどういう数字の部分を担っているのかということまで落とし込んで理解しなければなりません。

ですから、「理解できない」「わからない」ことについては、すぐに先輩や上司に確認することが大事です。インプットしなければならないボリュームが多いので、わからないままにしていると、数字の意味など本質を理解せずに表面的な業務に流されていってしまいます。

毎週行っているマーケティングの会議にしても、わからないマーケティング用語や商品知識などについては、その場で聞くように徹底しています。KPIについても、その数字の意味がわからないものがたくさんあります。そうした疑問はできる限りそのミーティングの中で解決していくようにしています。

こうすることで、**上司は個々の社員が理解できていないスキルを早めに把握する**ことが可能になります。

数値力をＯＪＴによって短期間で身につける

弊社では長い研修期間を設ける余裕もないので、新入社員は必要な知識とノウハウをすべてＯＪＴで学んでいきます。

その際、たとえば「イクモア」というブランドのサービスフローや収益化の流れの中でＫＰＩなど数値管理についてそのつど具体的に学び、理解していくことになります。

数値に関するマニュアルや追いかけるべき統計の数字、ＥＣカートシステム（サイト上で選んだ商品をショッピングカートに入れて購入手続きする方式）の運用の仕方などは、すべてデータ化してＭｉｃｒｏｓｏｆｔのデジタルノートブック・ＯｎｅＮｏｔｅに社内共有用・外部用に分けてまとめてあります。

社員は日常の業務の中でこれを参照しながらＯＪＴで数値への理解を叩き込んでいきます。

まずは、**日常的に〝生の数値〟に触れさせて数字に慣れてもらうこと**が先決です。「どうして毎日こんなにたくさんのデータが出てくるのか？」を肌で経験させるのです。

そして次の段階では、**「そのデータは何のために出しているのか？」**ということを考えさせます。

数字そのものを毎日眺めるだけでは意味がありません。そこには時間はかけません。重要なのは「数字の意味」を理解することです。

同じように、マニュアルどおりに勉強していても仕方がありません。むしろ、業務で生きた数値に触れて、そこから自分でマニュアルを更新させることが重要です。

たとえば、コールセンター業務では、お客様の声や情報の取り方は変化していきます。同じことをずっと続けていてはその変化についていけません。

「この角度からの数字を取った方がいい」「こういう数字での説明にはもう説得力がない」など、現場で社員が早く気づいてマニュアルをどんどん更新していく必要があります。

こうして自分が気づいたことをパートナーであるコールセンターに相談していくわけですが、その際に根拠を説明して「だからこの数字が必要なのです」と明確に伝えられなければなりません。

数値管理の理解のために新規事業ガントチャートを作成

弊社では、入社してまだ数年の社員に、数値管理の考え方を理解してもらうために「新規事業ガントチャート」を書かせています（次ページ【図9】）。

とくに決まったフォーマットはありません。書き方だけを教えますが、きちんと自分が理解して説明できるように作成させます。

次ページに示したのは、若い人向けの新規商材をつくりたいと考えている入社2年目の社員に書かせたガントチャートです。

実際に商材が完成した後のプロモーション施策を想定し、必要なタスク項目である「納品」「LP（ランディングページ）作成」「モール」「運用業務」の各プロセスをいちばん左に記載します。

そして、それぞれのタスクにどのくらいの時間をかけるかを決めるためにタスクの開始日と終了日を書きます。

ここでは、時間をかけてもよいタスクと手早く済ませなければならないタスクを見極め

■図9　新規事業ガントチャート

タスク	開始日	終了	4月																			5月			
			第1週				第2週					第3週					第4週					第1週			
			4	5	6	7	10	11	12	13	14	17	18	19	20	21	24	25	26	27	28	8	9	10	11
			火	水	木	金	月	火	水	木	金	月	火	水	木	金	月	火	水	木	金	月	火	水	木
0　納品																									
納品	23年6月1日	23年6月16日																							
テスト配送	23年6月16日	23年6月28日																							
WMS商品登録	23年6月15日	23年6月20日																							
出荷開始	23年7月3日	23年7月3日																							
1　LP作成																									
コンテンツ収集	23年4月11日	23年6月15日																							
構成	23年4月12日	23年4月27日																							
ワイヤー作成（LP）	23年4月27日	23年5月12日																							
ワイヤー作成（クロスページ）	23年4月27日	23年5月12日																							
LP・クロスページHTML作成	23年5月12日	23年6月28日																							
本編反映	23年6月28日	23年6月30日																							
2　モール	23年5月12日	23年6月28日																							
画面作成	23年5月12日	23年6月28日																							
LP制作	23年5月12日	23年6月28日																							
設定																									
3　ECプラットフォーム																									
導線の設計	23年5月12日	23年5月19日																							
導線の設定	23年5月19日	23年6月30日																							
プッシュ通知の内容	23年5月12日	23年5月19日																							
プッシュ画像作成	23年5月19日	23年6月16日																							
カート追加・設定	23年6月5日	23年6月9日																							
配信設定	23年6月16日	23年6月30日																							
配信開始	23年7月3日	23年7月3日																							
4　運用																									
定期コース・販売価格設定	23年4月11日	23年4月14日																							
通販システムID生成シート・商品コード管理	23年5月8日	23年5月12日																							
通販システム登録	23年5月8日	23年5月12日																							

数値管理目的

・日数（工数）＝
コストのため、必要な
準備内容/費用を計算し
ガントチャート化

※備考：準備費用例
・制作費
・サンプル費
・事前マーケティング／
調査費
・商品設計／発注原価

る必要があります。ここを仕分けるセンスがとても重要になります。

左側のタスク項目はおそらく誰でもすぐに書けますが、肝心なのは目標（合格ライン）を達成する日数や費用、準備内容を計算した上でガントチャート化することです。

準備費用も具体的な数値として想定・管理していきます。準備費用には、制作費、サンプル費、事前マーケティング／調査費、商品設計／発注原価などがあります。

たとえば、ＬＰのコンテンツを考えるのに何日かけるか、外注先に業務委託した際のコストはいくらになるかなど、投入する費用が適正かどうかをそれぞれのタスクごとに判断しなければなりません。

Ｄ２Ｃ特有のタスクとして、商品企画を進めている時点でＬＰの訴求ポイントを考えておかなければなりません。商品ができあがって納品される段階でＬＰを考えたのでは遅いのです。そうした独特の時間の使い方なども織り込んでガントチャートを書かせます。

最も重要なのは、コストと時間（日数）の数値管理を覚えることです。

また、このガントチャートと並行して、施策内容設計のためのスケジュール表も書かせます。この２つは連動しています（次ページ【図10】）。

■図 10　新規事業スケジュール表

【SNS試作予算】

10月			11月			12月			1月
予算	●●万		予算	●●●万		予算	●●●万		予
累計	●●万		累計	●●●万		累計	●●●万		累
10月			11月			12月		友達数	1月
代理店A			代理店A			代理店A	XX,XXX		代
月額●万	XX,XXX		月額●万	XX,XXX		月額●万	XXX,XXX		月
育毛剤A公募+X万(X名)	XXX,XXX		育毛剤A公募+X万(X名)	XXX,XXX	XXX,XXX	育毛剤A公募④(XX名)	XXX,XXX	XX	育
				XX,XXX		育毛剤A指名型①(X人)	XXX,XXX		育
			ヘアケアB公募+X万(X名)	XX,XXX		育毛剤A指名型②(X人)	XX,XXX		成
			サプリメントC公募+X万(X名)	XXX,XXX		サプリメントC指名型①(X人)	XX,XXX		
			サプリメントD公募+X万(X名)	XXX,XXX		公募余波	XXX,XXX		代
									SN
	XXX,XXX			XXX,XXX					
									代
									SN
									代
									SN
							XXX,XXX		
合計	XXX,XXX		合計	XXX,XXX		合計	X,XXX,XXX		合
累計	XXX,XXX		累計	XXX,XXX		累計			累
							XX		
友達追加数	XX		友達追加数	XX		友達追加数	XXX		友
			友達追加数累計	XX		友達追加数累計	XXX		友
KPI	XXX		KPI	XXX		KPI	XXXXX		KPI
CPF	XXXXX		CPF	XXXXX		CPF			CP
						〈投稿スケジュール〉			
						12月	SNS3		1月
						12/17,18	SNS3	指名型①X名	公
						12/23-25	SNS3	公募型④XX名	代
						12/24-25		指名型②X名	公
									代
									代

数値管理目的

・新規獲得向け月次施策内容設計

〈準備項目コスト〉
・SNS運用
・コンテンツ制作運用費

各項目に対する予算も具体的に記入します。たとえば、SNSを回したり、コンテンツをつくるのにいくらかかるのかを設定します。これらはすべて事業計画PLにも組み込まれていく内容です。

自分がやりたいと考えている新規事業にどれだけの原価がかかり、それはどこに支払われるのかなどを把握することが重要です。

新人たちはこうしたトレーニングを通じて、どのプロセスではどの数値を追いかけるのかといったことを理解していきます。

頻用されるマーケティング用語を理解しよう

これまでも触れてきましたが、EC通販やWebマーケティングでよく使われる理解しておくべき用語がいくつかあります。

とくにD2Cビジネスでよく使われるのは、LTV（顧客生涯価値）、F2転換率（リピーター率）、CPA（顧客獲得単価）、CPO（注文獲得単価）、SKU（最小管理単位）などです。これらはいずれもKPIに必要な数値です。

改めて簡単に説明しておきましょう。

■ＬＴＶ（Life Time Value：顧客生涯価値）

ある顧客が自社の利用を開始してから終了するまでの期間に、自社がその顧客からどれだけの利益を得ることができるかを示す指標です。

ＬＴＶからは、自社の商品・サービスの収益構造の把握や優良顧客の傾向分析、顧客獲得コストと維持コストの目標数値などが明らかになります。

サブスクなど「継続」が鍵を握るビジネスモデルでは、ＬＴＶを向上させることがとくに重要視されます。大きなコストが必要となる新規顧客獲得よりも、既存顧客を維持する方が事業の収益性を高められるからです。

マーケティングの通説に「１：５の法則」「２：25の法則」というものがあります。

「１：５の法則」は、顧客維持に比べて新規顧客獲得には5倍のコストがかかるという法則です。

「５：25の法則」は、顧客の離脱を5％抑えることができれば利益率が25％高くなるという法則です。

購入回数が多いほど、契約期間が長いほど、その顧客のＬＴＶは大きくなります。

ここで問題になるのが、「ＬＴＶの計測期間はどのくらいなのか？」ということです。「顧客生涯価値」ですから、本来は生涯の売上ですが、これは正確に計算することはできません。

そこで、通販業界では一般に「初回購入から1年間」をＬＴＶの計測期間として運用することが少なくありません。それは、化粧品など定期的に使う商品を販売することが多く、購入サイクルが短いからです。

後述しますが、弊社の場合は独自にＬＴＶを設定しています。

CPA(Cost Per Acquisition：顧客獲得単価)

新規顧客の獲得にかかったコストを表す指標です。広告運用においては、１人あたりの顧客、１件あたりの成約を獲得するためにかかった広告費を指すのが一般的です。

ＣＰＡは、コンバージョンポイントとして設定する成果1件を獲得するのにかかった広告費であり、広告の費用対効果を表しています。

いくつかの計算方法がありますが、一般に次のように算出します。

ＣＰＡ＝広告費÷コンバージョン数

10万円の広告費でコンバージョンが20件の場合、ＣＰＡは５０００円になります。

ＣＰＯ（Cost Per Order：注文獲得単価）

ＣＰＡと同様に広告の費用対効果を示す指標ですが、ＣＰＯは、新しい顧客から注文１件を獲得するためにかかったコストです。

次のように算出されます。

ＣＰＯ＝広告費÷受注件数

たとえば、10万円の広告費をかけて受注が2件だった場合、ＣＰＯは5万円になります。ＣＰＡはコンバージョン１件あたりの広告費を指しますが、ＣＰＯは受注１件あたりの広告費を指すという違いがあります。

両者は混同されることも多いのですが、ＣＰＡとＣＰＯでは「何の獲得にお金がかかったのか」が違います。ＣＰＡが対象とするコンバージョンには商品購入だけではなく資料申込みや会員登録なども含まれるので、一般にＣＰＯが対象とする受注件数よりも多くなります。

SKU（Stock Keeping Unit：最小管理単位）

SKUは在庫管理上の品目数を数える最も細かい分類単位です。「単品」あるいは「絶対単品」とも言われます。

商品の数え方には「アイテム」と「SKU」があります。

アイテムは商品の種類です。SKUは、一つのアイテムをさらにカラー、デザイン、内容量などの小さい単位で分類したものです。

たとえば、ある化粧品のアイテムが3種類のデザイン、2種類の内容量で展開されていた場合、アイテム数は1で、SKU数は3（デザイン）×2（内容量）＝計6SKUとなります。

SKUで分類することのメリットは、同じアイテムの中でもどのタイプが売れているかを詳細に把握できる点です。SKU単位での売れ筋がわかれば、どの商品をどのくらい仕入れればよいかが明らかになり、多在庫や欠品を生まなくなります。

マーケティング用語の意味を自社で定義する

こうしたマーケティング用語を指標とする際に重要なのは、同じ用語でも、会社や業態によってその意味する内容や使い方が異なってくることもあるので、**自社の共通言語としてそれぞれの用語をきちんと定義**しておくことです。

たとえば、経営者の意識するCPAと社員が考えているCPAが違ったのでは数字の意味するところも違ってきてしまいます。

KPIのフォーマットを決める際には、会社側が単に目標数値を挙げるだけでは社員にその意図するところが伝わりません。施策・戦略から想定したKPI設計を行い、PDCAで回していくことが必須になります。

このKPIの設計の仕方がずれると、全く意味のない数字を追いかけることになってしまうのでとても危険です。

同じKPI（用語）でも設定の仕方によって意味合いが違ってきます。

弊社ではSKU、LTV、CPAについて次のように設定しています。

①ＳＫＵ

弊社のブランド「イクモア」では健康食品、化粧品の全種類をＳＫＵと定義しています。単純に１種類に対して１ＳＫＵであり、10種類ならば10ＳＫＵです。

ところが、企業によっては２本セットや３本セットを別のＳＫＵと設定している場合もあります。この違いは大きいのです。なぜかというと、弊社では定期購入モデルなので商品が毎月届きます。最初は１本、次は３本届くといったモデルになっています。一方、まとめ売りで商売しているメーカーは複数本でＳＫＵという捉え方をします。

すると、それぞれのＳＫＵに対してＣＰＡを算出する際に、その意味合いが違ってきてしまうわけです。

②ＬＴＶ

前述したＬＴＶについても、会社や業態によってさまざまな捉え方があり、弊社ではシンプルなものに設計しています。

商品別に、初回購入から２回目購入、２回目から３回目、３回目から４回目、４回目から5回目の「継続率」を指標としてLTVを計測するのです（次ページ【図11】）。

たとえば、ある育毛剤の10月の新規顧客が100名で、商品を気に入って11月にも続けるという方が60名残った場合、LTVは60％ということになります。これを3回目以降もシンプルに計測していきます。

この指標は「F2転換率」とほぼ同じと考えていいでしょう。F2転換率は通販の新規顧客のうち2回目の購入につながった顧客の割合です。

新規顧客100人のうち50人が2回目もリピートした場合、F2転換率は50％になります。Fはフリークエンシーのことで商品の購入頻度を表します。したがって、3回目のリピート購入ならF3、4回目ならF4……となります。

こうしてリピート傾向を見ていくと、同じ商品なのに月によって継続率が大きく異なることもあります。また、たとえば2、3回目は継続したのに4回目でやめる方もいます。その理由を分析してコールセンターでの提案などの施策に生かすことが大切です。

「離脱率」も重要な指標です。離脱率は継続率の裏返しですが、必ずしもそう単純ではないケースもあります。

10月の新規顧客100名のうち40名が翌月離脱した場合、その40名の中に他の商品に

■図11　KPI進捗継続率・離脱率

①商品Aチャレンジ　KPI:②X%

月	1回目	2回目	3回目	4回目	5回目
3月	100%				
4月	100%				
5月	100%				
6月	100%				
7月	100%				
8月	100%				
9月	100%				
10月	100%				
11月	100%				
12月	100%				
1月	100%				
2月	100%				
3月	100%				
4月	100%				
5月	100%				

②商品Bチャレンジ　KPI:②-% ③-%

月	1回目	2回目	3回目	4回目	5回目
3月	100%				
4月	100%				
5月	100%				
6月	100%				
7月	100%				
8月	100%				
9月	100%				
10月	100%				
11月	100%				
12月	100%				
1月	100%				
2月	100%				
3月	100%				
4月	100%				
5月	100%				

商品Aチャレンジ離脱率

月	1回目	2回目	3回目	4回目	5回目
10月	100%				
11月	100%				
12月	100%				
1月	100%				
2月	100%				
3月	100%				
4月	100%				
5月	100%				

商品Bチャレンジ離脱率

月	1回目	2回目	3回目	4回目	5回目
10月	100%				
11月	100%				
12月	100%				
1月	100%				
2月	100%				
3月	100%				
4月	100%				
5月	100%				

数値管理目的

LTV計測

・商品別「継続率」状況の把握
＊毎月統計
＊定期回数

・施策実施後の数値変動確認

乗り換えた方が何人かいるということがあります。弊社には育毛剤が3種類あるので、上位ランクや敏感肌用に変える方も少なくありません。

つまり、こうしたケースでは、ある商品は離脱したものの、他の商品に換えて継続しているということになります。したがって、離脱した40名がその後どういう動きをしたのかを把握して、その後コールセンターからの定性的な情報などから離脱理由を探り、それを商品開発に生かすこともできるでしょう。

③CPA

CPAは商品別・媒体別の獲得コスト

と定義しています。

新規でネット上で商品購入の申し込みをして、サンクスページ（商品購入後に「ご注文ありがとうございました」と表示されるページ）に行くまでにどのくらいのコストがかかるかの平均値を出します。

広告代理店と交渉する際には、「この商品は1件獲得あたり1万円でいけます」と提示し、予算的には何千件まで目指せるかといった契約をします。

その上で、CPAが1万円の商品であれば何回継続してもらえれば利益が出るかを算出します。

今はさまざまなメディアがあり、「平均してCPAは1万円」という言い方になりますが、正確にはたとえばTicTok、Facebookではそれぞれ違います。CPAというのはそれぞれの媒体に対しての平均の顧客獲得単価にすぎません。

媒体によって継続率や利益になるタイミングが違うわけです。離脱率の多い質の悪いメディアには多くのコストをかけることはできません。

継続率の高い媒体とそうではない媒体はデータでわかっているので、それぞれに対してCPAは完全に分けて考えています。

想像がつくと思いますが、40代、50代の女性に広告を打ちたいと考えたら、TicTokよりもFacebookを選ぶ方が効率的です。

メディアごとのCPAと継続率には明らかに差があります。メディア別CPA設計の考え方の例として「Facebookであれば CPA1万円でいいですが、TicTokでは7000～8000円になります」というように、使っている10種類くらいのメディアごとに細かく設定しています。

もちろんAmazon、楽天市場、Yahoo!、Qoo10などのECモールもそれぞれCPAが違います。

このように、各KPIについては、自社の事業特性に合わせて設計・活用して、施策や顧客へのアプローチに反映させていきます。

新規事業は最低限のKPIを設定してスモールスタートする

ゼロベースからの数値力が問われるのは、もちろん新規事業の立ち上げです。

一般的な企業が新しい事業を考える際に陥りがちな、**誤った事業計画作成の考え方**があります。

次のようなパターンです。

まず、過去の既存事業の数値（フォーマット）を参考にして初期投資計画を立てます。そして、目標（ＫＰＩ）を立てるわけですが、たとえばＤ２Ｃ事業であれば月の受注件数×単価×継続期間＝売上となり、「原価率をこのぐらいに抑えればこれだけの利益が出る」と想定します。

そして、１年目、２年目、３年目と年を追ってどのくらい利益が上がっていくかという仮説を立てます。

しかし、これは計画どおりに進めれば売上も利益も右肩上がりで伸びていくという〝幸せな未来〟を前提とした**根拠のない幻想**です。絵に描いた餅にすぎません。生きた数値の事業計画ＰＬではないからです。

こうした楽観的な計画で事業をスタートさせた場合、途中で少しでも失敗すればそこから前に進むことができなくなります。そして、初期投資の借金を回収するために売上をつくることになり、収益を上げることはできません。

これはやり方が逆なのです。**失敗のリスクの許容範囲も含めて目標を設定し、その目標を達成するためにどれだけの時間とお金を投入するのかを決めるのが重要です。**

とくに、資金に余力のない中小規模の会社ではこうした方法をとるのが必須です。

新作コスメ・D2Cモデルを例に、弊社の新規事業を進める際の考え方を説明しましょう（次ページ【図12】）。

ポイントは、新規に発売したい商品・サービスについて、シンプルな仮説（シナリオ）を作成した上で、**最低限のKPI（売上／件数）を設定してスモールスタートする**ということです。

目標はできる限り短期で実現できるように試行錯誤します。

一方、スモールスタートをすることはリスクマネジメントのために重要です。失敗も折り込み済みでスタートするわけです。

たとえ失敗して撤退するとしても、スピード感を持って対応できるので、損失を小さく抑えることができます。目標に近づく方法がわからない場合も、早期にストップすることが可能です。

■図 12 新規事業における弊社の考え方（前提：新作コスメ・D2C モデル）

◇シンプルな仮説（シナリオ作成）に最低限の「KPI（売上／件数）」を
設定しスモールスタートさせる

シナリオ作成

①だれ向けに何の商品・サービス を売りたいか？
②そこにマーケット（ブルーオーシャンOK）はあるのか？
③お客様がそれに対して支払う価値は何か？　いくら出すのか？
④それは実現できる（つくれる）のか？／いくらでつくれるのか？
　どれくらい時間を要するのか？
⑤X年でいくら／何件売りたいのか？
⑥成功基準決め／失敗基準決め

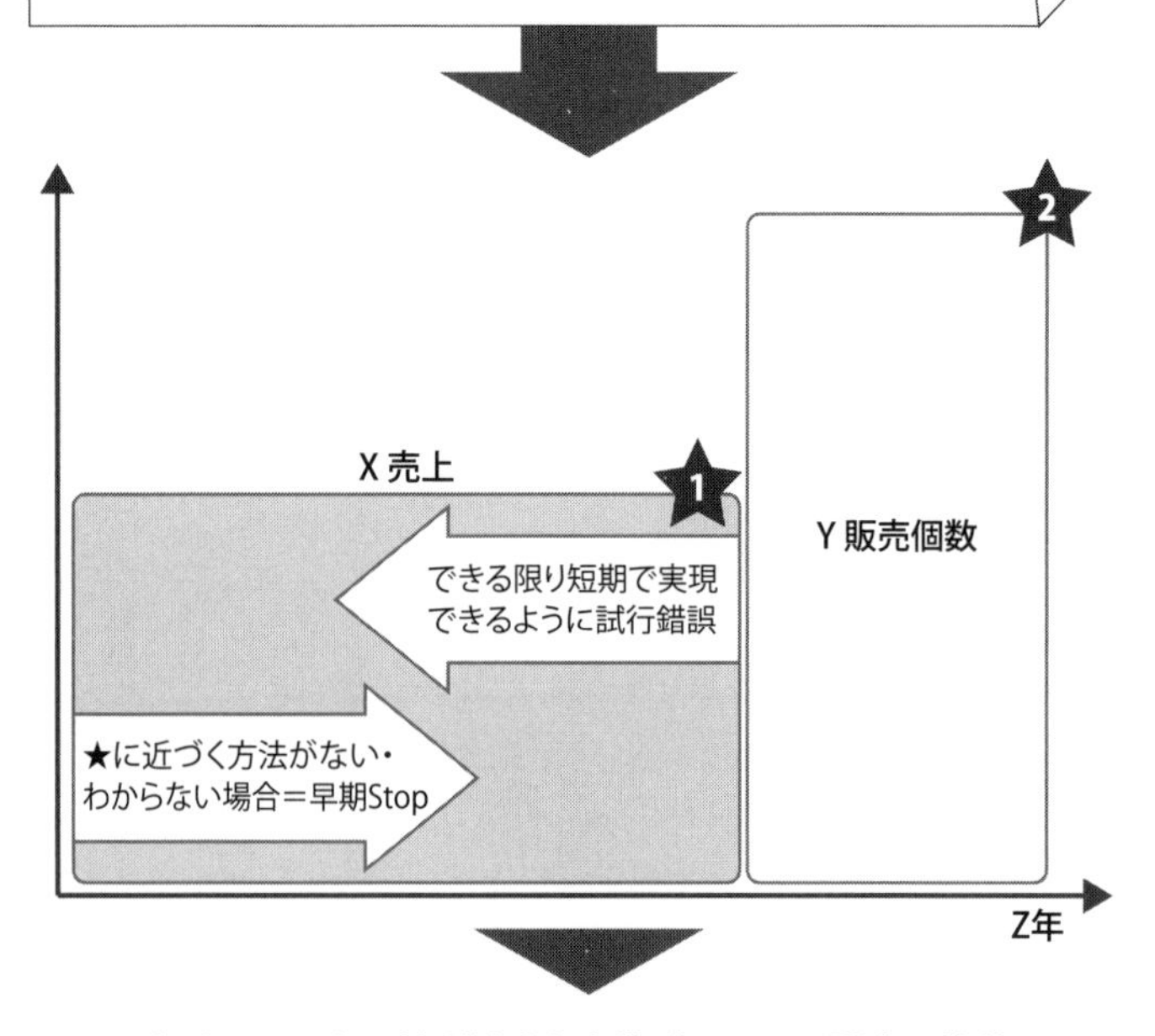

◇Phase1できるだけ「小さな事業・企画」でKPI設計 × 複数
＝「大きい（予算）事業」の成功体験へ

最初はできるだけ小さな事業・企画でKPIを設計し、それがうまくいったら、大きな予算の事業の成功を目指すことになります。大きな成功を収めるためには、場合によっては早めに小さく失敗するということも必要になります。

シナリオは次のように作成します。これらはすべて文字と数字に落とし込みます。弊社では入社して半年も経っていないマーケティングの知識のない新人でもこうしたシナリオを作成しています。

①誰向けに何の商品・サービスを売りたいか？

メーカーとしては最も重要な部分です。見えないニーズがどこにあるのかを探ります。最初はできるだけ多くのアイデアを出すことも大切です。

良い商品・サービスというのは、シンプルに説明できるものであることが少なくありません。

②そこにマーケットはあるのか？（このタイミングにおいて「ブルーオーシャン」となりえるか）

良い商品・サービスだから売れるとは限りません。確実なニーズが存在するかどうかを明らかにし、また、過去に他社がチャレンジしていてすでに撤退したサービスや商品ではないかの確認も重要です。

参入するタイミングも重要です。類似の商品・サービスの中で売れているものがすぐに頭に思いつくかどうかも、商品化するかどうかの判断材料になります。

③お客様がそれに対して支払う価値は何か？　いくらなら購入したいと思うのか？

これは事業計画ＰＬの最初の入り口です。顧客に「お金を払ってでも解決したい価値（悩み＝ペインポイント）がある」と感じさせる事業内容にすることは大切です。

④それは実現できるのか？　いくらでつくれるのか？　どれくらい時間を要するか？

最初の段階で原価・費用を把握しておくことはもちろん必要です。単純に原価率や経費率の多寡だけではなく、それが生きた原価・経費なのか。また、うまくいかなかった場合に、後で参考になる投資かどうかを見極めることも必要です。

⑤Ｘ年でいくら／何件売りたいのか？

目標設定に時間軸を組み込むことは必須です。何年でどれだけ売りたいのかを決めておくことで、その目標に満たなかった場合に、事業を継続するか撤退するかの判断材料になります。

⑥成功基準決め／失敗基準決め

成功／失敗の基準はもちろん売上ですが、難しいのは売上ではない場合もあることです。必ずしも、売上があまり上がらなかったから失敗というわけではありません。

たとえば、いちばん売れる商材が毎月1000万円の赤字だと企業は続かないと思いますが、売上げが毎月100万円でも、顧客が長く続けてくれていて利益が毎月10万円出ているという種類の商品もあります。D2Cビジネスでは何が成功で何が失敗かの判断が難しいこともあります。

業務を細分化してプロフィットかコストかを見極める

どのようなビジネスであれ、企業が利益を得るためには、できるだけ原価やコストを抑えながら、多くの売上を上げることを目標にします。

第1章の冒頭で説明したように、弊社の部門はマーケティング部と管理部から構成されています。

通常、プロフィットを生むことを目標とするのはマーケティング部門であり、コストを下げることを目標とするのが管理部です。

しかし、ときにはいわゆるプロフィットセンター（利益を生む部門）とコストセンター（業務にかかったコストだけが集計される部門）の機能・役割がきれいに分かれない場合もあります。D2C事業では、**プロフィットでもなくコストでもないというゾーンが存在**します。

最もわかりやすい例がコールセンター業務です。

多くの通販会社ではコールセンターをコストセンターと考えがちですが、必ずしもそうではありません。

顧客からの問い合わせやクレームに対して、コールセンターがスムーズに対応することによって顧客満足度が上がり、離脱を防ぐことができれば、結果として会社のプロフィットにつながります。

コストをプロフィット化するために最も重要な部門がこのコールセンター業務です。あるいは、前述した最近増えている不正な転売ヤーを排除するための効果的な対策・仕掛けをつくることで、会社に収益をもたらすということもあるでしょう。

プロフィットとコストを見極めるためには、D2C事業全体の流れに沿ってKPIシナリオをつくっていく必要があります。

■図13　KPIシナリオづくりの準備①サービスフロー／構造把握

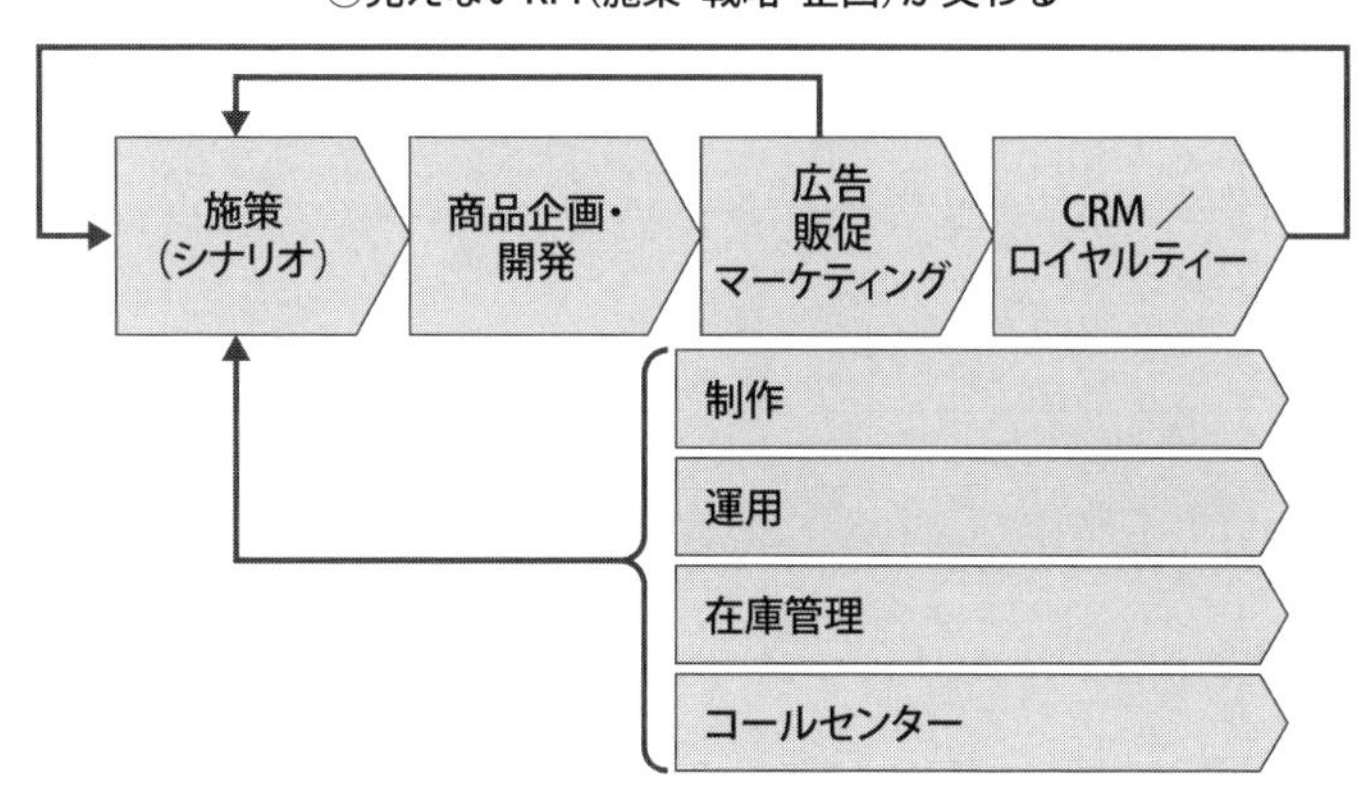

【図13】は、弊社事業のサービスフローと構造です。

各ＫＰＩを設計する際に考えなければならないのは、売上に対するＫＰＩ、利益に対するＫＰＩ、原価に対するＫＰＩは全く違うということです。さらに、見えないＫＰＩ（施策、戦略、企画）もたくさんあります。

見えないKPIでいちばんわかりやすいのは「ブランディング」です。ブランディング成功のためにはＫＰＩ設定が必要です。

たとえば、雑誌などのメディアにたくさん取り上げられたり、ＳＮＳ広告であればインプレッション数やシェアされた数な

■図 14　KPI シナリオづくりの準備 ②
各業務をプロフィットとコストに分ける

◆各ドメイン内に「プロフィット」と「コスト」が含まれる
◆社内or外部委託の範囲が重要（※専門分野＝外部委託）

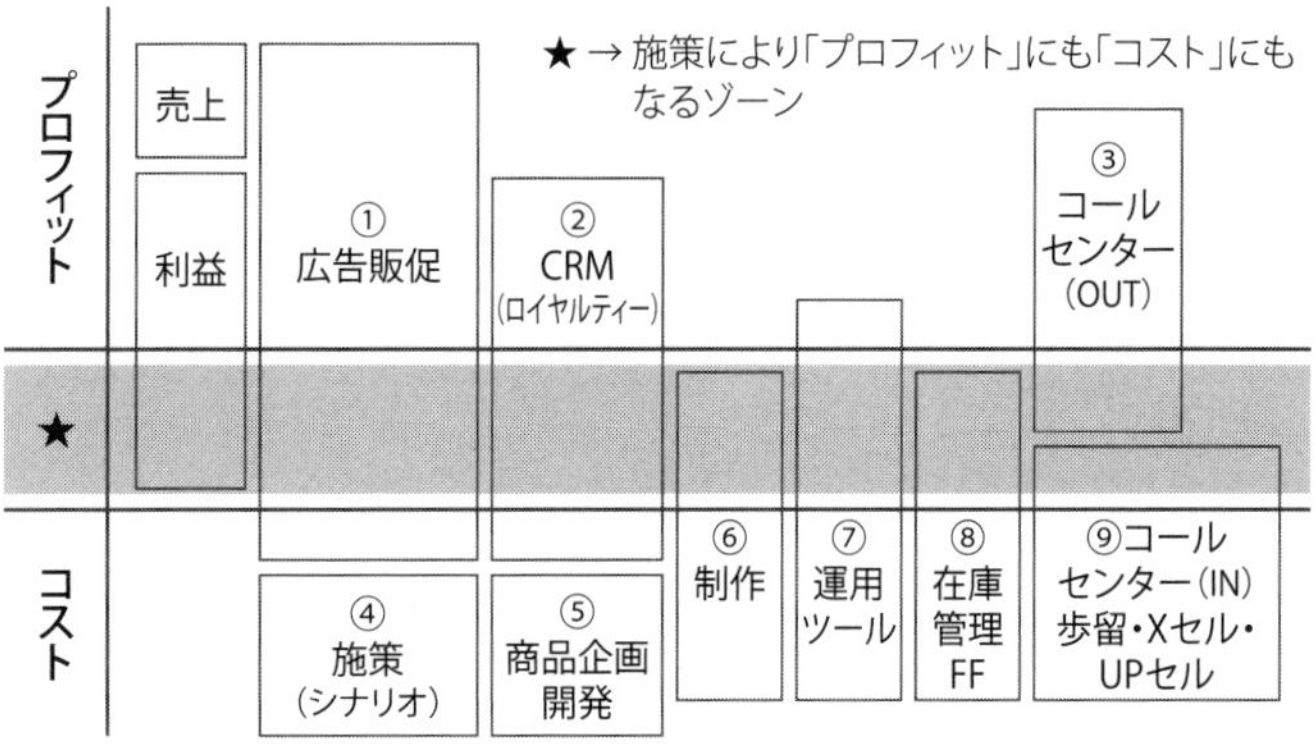

★ → 施策により「プロフィット」にも「コスト」にもなるゾーン

プロフィット
売上
利益
①広告販促
②CRM（ロイヤルティー）
③コールセンター（OUT）
★
コスト
④施策（シナリオ）
⑤商品企画開発
⑥制作
⑦運用ツール
⑧在庫管理FF
⑨コールセンター（IN）歩留・Xセル・UPセル

どがわかりやすい数値化された指標になります。

あるいは、他の業種などからコラボレーションの打診が来るといった実績も、見えないＫＰＩになります。

弊社のサービスフローの中で、社内外の各業務をプロフィットとコストに分けたのが【図14】です。

それぞれの業務にはプロフィットとコストが明確に分かれず、施策によってプロフィットにもコストにもなるゾーンのあることがおわかりになると思います。

各ドメインで何がプロフィットになり、何がコストになるのかを明確に見極めなければなりません。そのために必要なのは、業務内容を細分化することです。

たとえば、同じコールセンター業務でも、内容を細分化してコストがプロフィットに転じる業務を明らかにします。そして、そこに集中的にコストを投入すれば収益アップに貢献することになります。

近年、多くの企業がコストセンターのプロフィットセンター化を図ろうと模索しています。

業務を細分化してそれぞれにＫＰＩを設計する

コストをプロフィット化していくためには、各業務を細分化し、それぞれの重点ＫＰＩを設定することが大切です（次ページ【図15】）。

各業務の細分化と設定するＫＰＩについてポイントを説明しましょう。

①広告販促

広告販促の目標はもちろん新規顧客獲得とブランディングです。

■図 15 KPI シナリオづくりの準備③ 各業務の細分化と重点 KPI の設定

Point
・施策により「コストセンター」が利益を生み出す「プロフィット」へ変わる可能性大
・社内に置いておくべき仕事とは？／外部専門に任せるべき業務範囲とは？
・外部企業を「委託先→ビジネスパートナー」へ変化させる方法（＝コミュニケーション力強化）

	ドメイン	目標	KPI（重点/定性）	内or外注	プロフィット	中	コスト	備考
①	広告 ＊販促	◆新規獲得 ＊ブランディング	・日/月/Q別件数 ・新規獲得コスト（CPA） ・媒体別＊	内：予算／施策 外：運用	◎	ー	▲不正	信頼できる代理店／媒体との関係性
②	CRM・ロイヤルティ	◆既存→継続/客単価 ◆休眠→復活（Web）	・顧客継続率（LTV） ・顧客平均単価 ・離脱率/理由統計	内：シナリオ／戦略立案	◎	▲		シナリオ明確化及び、順次PDCAを実施しなければ無駄打ち／工数無駄になる可能性大
③	コールセンター（Outプット）	◆休眠→復活	・復活件数 ・復活者LTV	外	○	▲		傾向・課題共有化。PDCAを連携できるパートナーが重要
④	施策（シナリオ）	◆ブランド全般推進	＊全てのKPI含	ー	ー	ー	ー	ー
⑤	商品企画・開発・調査	◆新商品開発コスト・時間	・製造仕入れコスト ・原価／ロット	内：調査・企画 外：製造			●	同じ製造品でも、提携するOEM工場により全く異なる
⑥	制作・デザイン	◆閲覧者購入数を上げること	・閲覧CVR（獲得率） ＊SKU別	内：シナリオ 外：制作	△		●	LP制作／広告制作ノウハウにより異なる
⑦	運用ツール	◆CVUP対策、離脱防止、転売対策、カード不正	・ツールにより異なる	外：運営	◎		●	ツールの設計・運営により差が大きい
⑧	FF（在庫管理・発送）	◆在庫（過多にさせない） ◆発送コスト下げる	・在庫Min管理・FF／配送コスト低	外		▲	●	原価について一番シビアな範囲
⑨	コールセンター（INプット）	A：歩留 B：Xセル C：UPセル	・休眠希望者歩留率 ・Xセル件数／率 ・新商品へ転換率	外	◎		●	ただの受電コールセンター委託では×。傾向対策を基に施策をPDCA

設定するＫＰＩは「日／月／Ｑ（四半期）別件数」「新規獲得コスト（ＣＰＡ）」「媒体別レポートの数値」です。

一般の企業において、マーケティングは部門単体では売上・利益を上げないため、コストセンターに扱われることもあります。しかし、それはマーケティングの効果測定を行っていないからです。

Ｄ２Ｃビジネスではマーケティング部門は明らかにプロフィットセンターです。ＣＰＡなどのＫＰＩによってマーケティング施策の費用対効果を可視化すれば、プロフィットセンターとしての価値は明らかになります。

②ＣＲＭ・ロイヤルティー

ＣＲＭの目標は、既存顧客の継続率を高め、客単価を上げることと、休眠顧客を復活させることの2つに分けられます。

重点ＫＰＩは前者では「顧客継続率（ＬＴＶ）」「顧客平均単価」、後者では「離脱率」「離脱理由統計」になります。

ＣＲＭ活動は顧客ロイヤルティーを高め、ＬＴＶの最大化に寄与します。

ただし、シナリオを明確にし、ＰＤＣＡを回していかなければＣＲＭ施策が無駄打ちに終わったり、不要な工数が増えてしまい、コストを圧迫するようになる可能性もあります。

③コールセンター（アウトバウンド）

弊社では、アウトバウンドのコールセンターは完全にプロフィットセンターと捉えています。

その目標はほぼ一つ。休眠顧客の掘り起こしです。

設定するＫＰＩは「復活件数」「復活者ＬＴＶ」です。

お客様に電話をかけてセールスプロモーションを行うことで、休眠から復活し直接的なプロフィットにつながることも少なくありません。過去のデータに基づいて、トークの内容や架電の時間帯・タイミングなどを戦略的に考えます。

外注先とは傾向・課題を共有化します。ＰＤＣＡを連携できるパートナーと組むことが重要になります。外注先とは、獲得１件あたりいくらという完全な成果報酬の形で契約しています。

④施策（シナリオ）

目標はブランド全般の推進であり、すべてのＫＰＩが含まれます。

⑤商品企画・開発

目標はできるだけコストと時間をかけずに、魅力的な新商品を開発することに尽きます。重点ＫＰＩは「製造仕入れコスト」「原価／ロット数」です。

同じ製品でも、提携するＯＥＭ（相手先ブランド製造）工場によって製造仕入れコストや原価は異なります。弊社では工場５、６社と取引していますが、同じ化粧品を１個つくるにも原価は全く違います。良好な関係ができている会社と組むなど、なるべく原価を抑える方策を考えます。

製造原価を下げるには、発注量（生産量）を増やすことも必要です。これは生産規模を高めることで製品一つあたりのコストが低くなる「規模の経済」の効果によるものです。

⑥制作・デザイン

目標はサイト閲覧者の購入数を上げることです。

重点ＫＰＩは閲覧ＣＶＲ（コンバージョン獲得率）です。これはＳＫＵ別に計測しています。

ＬＰ（ランディングページ）や広告の制作自体はプロフィットではなく完全にコストです。しかし、〝売れるため〟のデザインを意識して制作し、結果的にコンバージョン数や購入数が増えれば、**プロフィットセンターとしての役割に寄与**することになります。

弊社ではＬＰのシナリオは社内で作成しますが、制作はデザイン事務所などに外注しています。その際、単なる美しいデザインのサイトを作成するだけでは通用しません。「数字を作れるデザイン」が求められます。コーポレートサイトではなく、あくまでも売上を伸ばすために運用するサイトだからです。

したがって、コンバージョンや購入につながるかどうかを分析しながら、ＬＰを設計することが重要になります。

⑦運用ツール

ＥＣサイトではさまざまな運用ツールを活用しています。

目標は、コンバージョン数を増やす、離脱防止、転売対策、不正クレジットカード対策です。ＫＰＩはそれぞれの運用ツールによって異なります。

たとえば、前述した転売ヤーや不正カードをブロックするツールによって不正購入を防ぐことができます。

あるいは、注文フォームや会員登録画面に離脱防止機能を設置し、離脱を防いでＷｅｂページに滞在してもらうといったツールも有用です。

これらはいずれもコストではなくプロフィットの範疇に含まれます。

⑧フルフィルメント（在庫管理・発送）

主な目標は、適切な在庫管理によって在庫過多にさせないこと、発送コストを下げることです。

ＫＰＩは「在庫Ｍｉｎ管理（最小在庫管理）」「フルフィルメント／配送コスト」です。

弊社では使用期限のある商品を扱っているので、在庫過多は絶対に避けなければならず、在庫コントロールにはとても気を遣っています。

フルフィルメント部門は原価について最もシビアな部署になります。適正在庫を保つことや発送コストを低く抑えることは収益につながります。また、不正購入に対してフルフィルメントセンターで発送を止めることができればプロフィットに貢献します。

フルフィルメント部門の中で１００％コストに分類されるのは倉庫管理費や配送費だけです。

⑨コールセンター（インバウンド）

目標は、既存顧客への歩留まりを上げるとともに、クロスセルやアップセルにつなげることです。

ＫＰＩは「休眠希望者の歩留まり率」「クロスセル件数／率」「新商品への転換率」です。単にお客様からの問い合わせやクレームに対応するだけの受電に終始するコールセンターに外注したのでは、マイナスを減らすための役割しか果たせません。傾向と対策をもとに施策を考え、ＰＤＣＡを回すことが大切です。

とくに、休眠を希望する顧客に対しては、管理画面上で顧客情報を参照しながら、その理由を詳細にヒアリングします。さらに、休眠希望理由を商品別／性別に統計管理し、新たな提案につなげていきます【図16】。

■図16　定期停止統計（男女比率・理由）

比率		女性	XX%	XX%	XX%
		男性	XX%	XX%	XX%
商品A 回数別		累計	初回	2回目	3回目
女性	実感なし				
	在庫あり				
	体に合わない				
	お試しのみ				
	定期覚えなし				
	白髪に良いと思った				
	使用感に不満あり				
	医者止め・入院・体調不良				
	経済的理由				
	改善した				
	他社利用				
	思っていたのと違った				
	重複注文				
	クレカNG・与信NG				
	その他				
	累計				
男性	実感なし				
	在庫あり				
	体に合わない				
	お試しのみ				
	定期覚えなし				
	白髪に良いと思った				
	使用感に不満あり				
	医者止め・入院・体調不良				
	経済的理由				
	改善した				
	他社利用				
	思っていたのと違った				
	重複注文				
	クレカNG・与信NG				
	その他				
	累計				

数値管理目的

「商品別／性別／
休眠希望理由」
統計管理

＊男女別／
ロイヤルティー
施策設計

ここで重要なのは、休眠希望者のニーズを探ることです。「前回購入した商品がまだ残っている」「効果がない」など理由はさまざまですが、そこで休眠を阻止するための重点的な施策を打てないかどうかを検討します。

コールセンターは貴重な顧客とのタッチポイントの場です。迅速な問題解決や丁寧なサポートなど良質な顧客体験を提供することで、企業のブランディングやリピーター獲得に貢献します。

また、コールセンターに集まった既存顧客からの声や情報をデータ化して分析し、商品・サービスの改善や開発に利用することで新たな利益を生み出すこともできます。

コールセンターの数字は非常に重要なので毎週チェックしています。

弊社ではこの①~⑨それぞれにかかってくる原価を社員全員が把握しています。ここを常に頭の中でイメージしていないと、何かの施策を打つ場合に費用対効果がわからなくなってしまいます。

また、外注している業務の場合、外部企業を単なる委託先からビジネスパートナーへと変化させることでコストのプロフィット化が進みます。

コールセンターの全受電月平均率85%以上

弊社では、常にプロフィットを意識してコールセンターの外注先を選定しています。

コールセンター業界の受電率の合格ラインは約70%ですが、弊社が業務委託しているインバウンドのコールセンターの受電率は85%以上ときわめて高くなっています。これは新規、既存顧客すべてのコールが対象であり、既存顧客に限定すれば受電率は90%以上です。

私たちの基準として、最低でも80%以上という暗黙のルールがあります。

そして、電話の内容をすべて定性的なデータとして蓄積し、情報が一定程度たまると商品ごとに分類します。

コールセンター側と話す際には、この80％以上を担保するのに何人のオペレーターが必要なのかを検討します。私たちとしてはできる限り少数体制で対応していただきたい意向があります。1件あたりのコール単価が抑えられるからです。

重要なのは体制／人数ではなく、一人ひとりが持つ仕事のレベルです。**単に受電率が高いだけではプロフィットにはつながりません**。解約希望の顧客に対して、歩留まりをどれだけ上げることができるか。その数字に対して外注費を払っているわけです。**コールセンター側へは、こうした目的や意義を共有した上で施策を伝えます**。

一般にD2CのEC通販を行っている会社では、コールセンターへの解約希望の顧客を阻止できるのは20％前後と言われています。弊社では全SKUを対象とした平均阻止率は30％以上です。解約阻止率アップは、解約希望の理由をきちんとヒアリングして、どのような提案ができるかにかかっています。

また、同じメンバーと同じ時間帯で、どれだけクロスセルとアップセルを成功させられるかもノウハウとして重要なところです。

弊社の業務委託先にはそのノウハウが蓄積されており、両者でＫＰＩを共有して連携するといった関係性が確立しています。

うまくいかないときは「小さな実現方法」を見つける

既存事業の中で新たな施策を実行する際や新規事業を立ち上げる場合、最初に思ったような成功に至るとは限りません。初回プランがシナリオどおりに進み、想定したとおりの結果が出ることはまずないと考えておいた方がいいでしょう。

では、うまくいかないときはどうすればよいのでしょうか？

まず、時間軸を区切ってシナリオを設計し、それぞれのフェーズ（ステージ）別に「これでOK」という成功の合格ラインKPIを会社側が先に決めておくことが重要です。

これは、新商品開発などの大きなチャレンジに限りません。たとえば、原価を下げるといった小さな目標を達成するためのＡという案を実行する場合に、３か月なり６か月、あるいは１年でここまで達成できればいいという範疇を決めておくのです。これがプルチャーム的な考え方です【図17】。

■図 17　自社にマッチした「小さな実現方法」を早く見つける方法

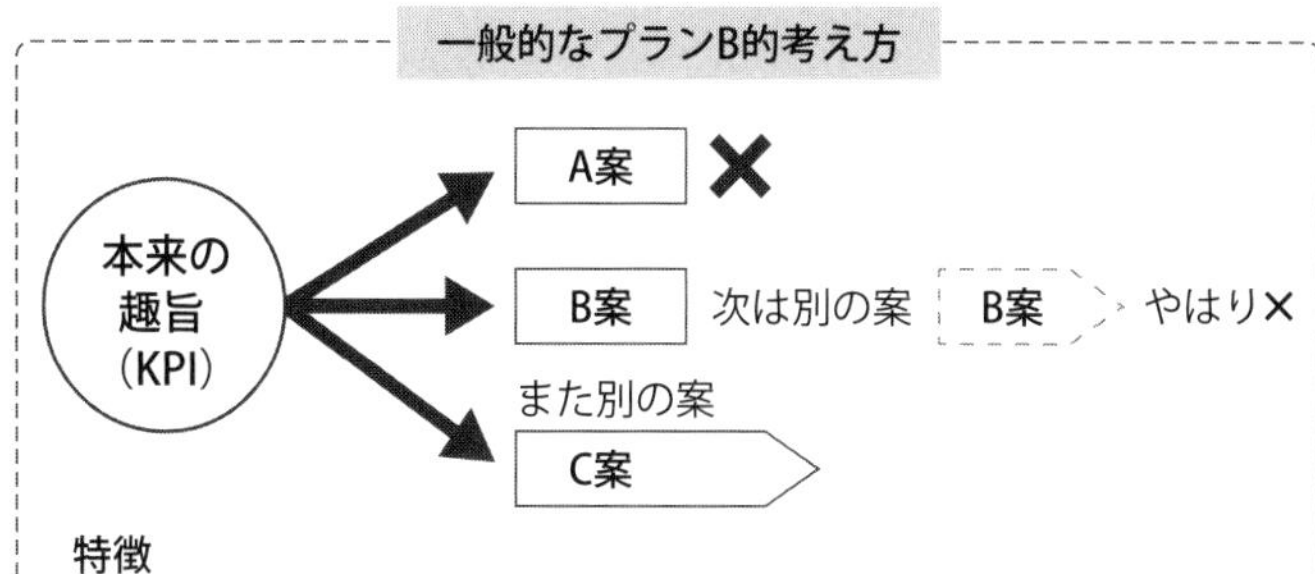

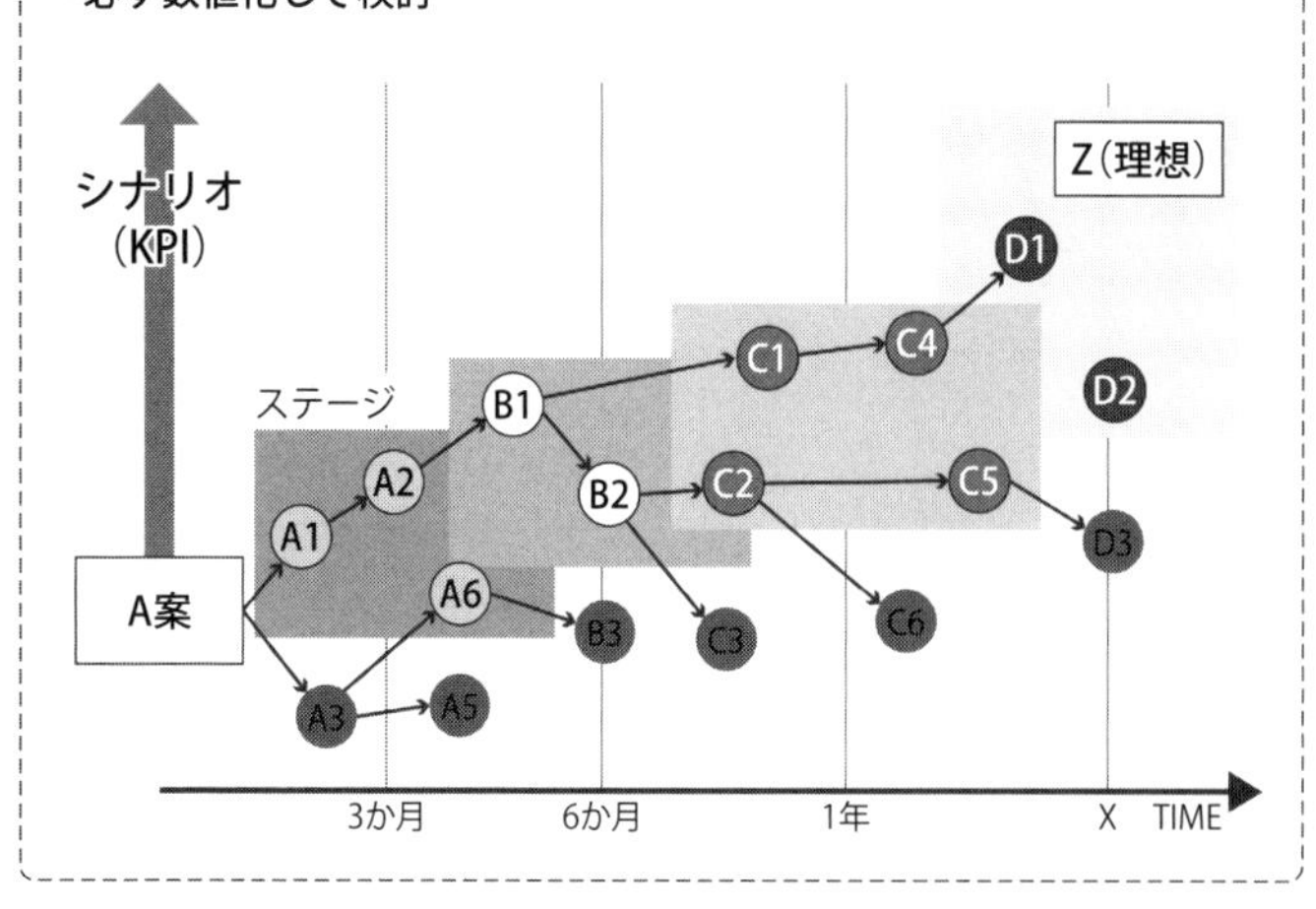

この図は、縦軸がシナリオや売上などのさまざまなＫＰＩで、横軸は時間軸です。

このように時間軸を加味してＫＰＩを設計しないと、「まだいいよ。これ続けて」なのか、「いや、もうそこはやめた方がいい」なのかの判断が遅れてしまいます。


では最初のプランＡ案がうまくいかなかったら、どうすればいいのでしょうか？

おそらく日本の一般的な企業では、Ａ案を白紙に戻し、新たにＢ案を考えることになるでしょう。それもダメならＢ案も白紙撤回してＣ案に……というように、プラン全体を次々と変えていくという発想をしがちです。

しかし、これでは一つひとつのプランが大きいので簡単にはストップできず、無駄に時間を費やして大きな損失を被るリスクが高くなります。

それに、Ａ案からＢ案に転じることで、Ａ案を策定するための努力や経験がゼロベースになってしまいます。これは非常にもったいないことです。しかも、案が大きく変わることで企画趣旨がぶれる可能性も大きくなります。


弊社の考え方はそうではありません。

ポイントは**「失敗の概念を変える」**ということです。

最初に想定したA案がうまくいかなかった場合、即座にB案に移るのではなく、一定の合格ラインKPIを達成していれば、失敗した部分を軌道修正したA1案を進めさせます。

この図でいうと、A1案、A2案、A6案が合格ラインの範疇に入っています。その先に、A案から派生したプランにB案、C案を加えていく場合もあるでしょう。

こうした試みを繰り返して理想のシナリオへ徐々に近づいていくことを目指すのです。

つまり、**できる限り、これまでの小さな経験・成功・失敗を生かしながら推進**していくことが、結局のところは理想に到達するための早道だと思います。

失敗した部分は、実は早く失敗できたということが重要です。小さな失敗はできるだけ早くしておいた方がいいのです。

Webの世界はとくにそうなのですが、10個のうち早く9個失敗した方が正解にたどり着くということがよくあります。

早く・小さく・たくさん失敗した方が、自社にマッチした「小さな実現方法」が早く見つかるのです。

たとえば、「女性の頭皮の悩みを解決できる日本一の商品をつくりたい」という目標を立て、シャンプーの開発にチャレンジして失敗したとします。そこで「もうシャンプーはあきらめよう」ではないのです。

シャンプーは女性にとって絶対に必要なものです。そこで、女性の中でもターゲットを絞ってみる。そして、40代の女性の場合、頭皮の悩みを解決できる成分を他のものに変えてみる。これがＡ１案になります。

こうしたアプローチであればプランのマイナーチェンジはあっても、**シナリオ（KPI）と理想（目的）自体は変わっていません。**

失敗から成功に転じた事例

弊社のこれまでのチャレンジには失敗から成功に転じた事例がたくさんあります。次のようなものです。

①新商品「男性用育毛剤」の開発

弊社がヘアケア製品を手がけるようになった当時、世の中にはまだ女性用の育毛剤という概念はほとんどありませんでした。

そのため、頭皮が弱い男性向けに、成分や使用感を工夫した育毛剤を開発しました。ところが、これはうまくいきませんでした。広告もなんとなく男女両方をターゲットにした曖昧なものになってしまっていました。

そこでターゲットを変えて、女性の頭皮の悩み・特徴に特化した化粧品を開発することになったのです。その結果、当初のプランよりもさらに技術や成分を向上させた医薬部外品の開発につながりました。

②広告媒体

ヘアケア製品の広告について、露出を増やす目的で、Ｗｅｂ広告以外にも新聞広告、折込チラシ、インフォマーシャル、ＤＭ、通販同梱チラシなどをすべて実施しました。しかし、購入には結びつかず思ったような結果が出せなかったため、Ｗｅｂマーケティングに集中することになりました。

③コールセンター（インバウンド）

インバウンドのコールセンターを業務委託しましたが、ただの受電対応に終始していたため、歩留まり率が低く、解約阻止ができませんでした。そこで、解約した理由をオペレーターに徹底的に確認してもらうこととし、さらに定性から定量データに起こした上でニーズを蓄積して提案力強化を図りました。その結果、歩留まり率が大きく向上しました。

ＫＰＩ設計による数値管理の実際

ここでは、弊社の主力ブランド「イクモア」に関連する各業務において、どのようにＫＰＩを設定し、数値管理を実践しているかを示す事例をいくつか紹介します。

①ＳＫＵ別広告費予実・進捗【図18】

ＳＫＵ別のＷｅｂ広告費の予実・進捗の数値管理です。

これはマーケティング部門の数値管理の入口になります。

予実管理（予算と実績の管理）とは、立てた予算に対して実績の達成率や運用状況に応じて

■図18　SKU別広告費予実・進捗　※表中の数値はイメージ

X月度／●●日時点	SKU（商品名）		予算	実績	進捗率	着地見込	差異
投資コスト	化粧品A	小計	30,000,000	25,000,000	83.30%	32,000,000	＋2,000,000
		自社	10,000,000	8,000,000	80.00%	11,000,000	＋1,000,000
		代理店	20,000,000	17,000,000	85.00%	21,000,000	＋1,000,000
	育毛剤B	小計					
		自社					
		代理店					
	サプリメントC	小計					
		自社					
		代理店					
	ヘアケアD	小計					
		自社					
		代理店					
	その他	小計					
獲得			件数				
	化粧品A	小計	4,000	3,200	80.00%	4,300	＋300
		自社	1,500	1,200	80.00%	1,600	＋100
		代理店	2,500	1,800	72.00%	2,700	＋200
	育毛剤B	小計					
		自社					
		代理店					
	サプリメントC	小計					
		自社					
		代理店					
	ヘアケアD	小計					
		自社					
		代理店					

数値管理目的

・商品別／Webマーケティング獲得状況把握
　＊統計：毎日
・商品別／媒体別獲得コスト（CPA）把握

対策を考え、目標の予算が未達だったものについて原因を見つけて改善していくことです。

　広告費の予実管理では、売上計画とマーケティング計画を元に組んだ予算に対し、売上と広告宣伝費を対比させて広告の費用対効果を計測します。

　現在、弊社の商品の中ではサプリメント「プレミアム」「ロイヤル」と育毛剤「ナノグロ」、白髪染めシャンプー「クロカミシャンプー」について広告費を重点的に投入しています。

　上図の項目は広告の「コスト」で、下の項目がそれに対してどのように「獲得」できたかを見ています。

それぞれに入る数値について簡単に説明しましょう。

■「コスト」について

この欄には進捗率を除いて「金額」が入ります。

年始に立てた計画に基づいた月次の「予算」に対して、実際にどのくらいのお金を使ったかが「実績」です。「進捗率」は予算に対してその時点で実際にかかったお金の割合を表します。

「着地見込み」というのは、最終的に広告費がいくらになるかという予想です。

「差異」は広告予算に対する実績との差（残っている額あるいは超過額）を表します。1000万円の広告予算に対して800万円しか使っていなければ差異は200万円になります。逆に1200万円使った場合はマイナス200万円となります。

■「獲得」について

この欄には進捗率を除いて「件数」が入ります。

「予算」は月の獲得目標で、「実績」は実際に獲得できた件数です。「進捗率」は、たとえば目標1000件に対して現在の実績が100件であれば10％になります。「着地見込み」は月末までに何件の購入が見込めるかという予測数値です。それに対する件数の差を「差異」に記入します。

このように弊社では、広告費を投入している重要なSKU別に、Webマーケティングによる獲得状況の統計を毎日とっています。このデイリーの数値を積み重ねて、SKU別／媒体別に獲得コスト（CPA）を把握するようになっています。

この広告費予実・進捗については、自社で回している広告と代理店に任せている広告に分けて数値管理しています。

デイリーで予実管理を行い、進捗率を見ることで、その月にかかる大体の原価とキャッシュフローが予測できます。

この予実管理を通して、生きた事業計画PLを学んでいくことができます。

■図19　新規獲得進捗（Web広告）

媒体別進捗一覧

				獲得件数				前週比獲得件数			
				単品		定期		単品		定期	
媒体名	優先度	商材	費用	実績	目標	実績	目標	増数	達成率	増数	達成率
媒体E	A	商品A									
媒体F	C	商品B									
媒体G	A	商品C									
媒体H	A										

数値管理目的

・商品別「新規獲得」状況の把握
・商品別「申込内容（単品・定期）」の把握
・対先週獲得比

②新規獲得進捗（Web広告）【図19】

前掲の「SKU別広告費予実・進捗」の表について、角度を変えて見たものが「新規獲得進捗（Web広告）」の表です。

各商材についてWeb広告の媒体別に、単品と定期の獲得件数を把握するためのKPIとなっています。

数値管理の目的は、商品別の新規獲得状況の把握、商品別の申込内容（単品か定期か）の把握、前週との獲得件数を比べてどのくらい伸びているかを把握することです。

最も重要なのは、「単品」と「定期」の新規獲得件数を把握することです。

同じ商材の新規獲得でも、ECモールなどで単品で売れたものの実績と定期購入モデルとの実績は全く違います。

とくに化粧品という商材の特徴で、最初から定期購入するのをためらう方もいます。そういう場合、お試しのような形で初回は単品購入をすることが少なくありません。

また、単品購入が増えるパターンとしては、広告の効果によるブランディングの影響があります。雑誌などに掲載されたり、イメージモデルに有名な女優さんなどを起用すると、「試してみたい」と単品で購入されるお客様が増えます。

③KPI進捗・クロス率（次ページ【図20】）

シンプルなKPIですが、クロスセル率の数値管理はとても重要です。

クロスセルは、たとえば育毛剤を購入されたお客様に対して、他のヘアケアに関する商品を提案して購入を検討してもらいます。関連商品を勧めて購入いただくことで、1回の購買の客単価がアップし、LTVの向上が期待できます。

弊社ではクロス率を、ある商品を購入した顧客の中でクロスセルが成功した顧客の割合で見ています。件数、CV、CVRで計測します。

対象件数は、週単位で、たとえばメイン商品100件に対してクロスセルで購入いた

■図 20　KPI 進捗・クロス率

①育毛剤A
クロス：KPI：X%

開始	終了	対象件数	CV	週次CVR
2023年4月24日	2023年4月30日			
2023年5月1日	2023年5月7日			
2023年5月8日	2023年5月14日			
2023年5月15日	2023年5月21日			
2023年5月22日	2023年5月28日			

②サプリメントB
クロス：サプリメントC　KPI：X%

開始	終了	対象件数	CV	週次CVR
2023年4月24日	2023年4月30日			
2023年5月1日	2023年5月7日			
2023年5月8日	2023年5月14日			
2023年5月15日	2023年5月21日			
2023年5月22日	2023年5月28日			

数値管理目的

・メイン商品×「UPセル」獲得件数%確認
　＊週単位

・客単価UP施策
・商品別相性計測

だいた件数です。もちろん、件数が増えるほど、広告費をかけずに客単価が上がっていくことになります。そのため、Ｗｅｂ通販の会社は常に見せ方を懸命に考えています。

クロスセルで重要なのは「商品別相性計測」です。

あるメイン商品を購入した顧客がクロスセルで購入する頻度の高い商品を明らかにし、どの商品が互いに補完的に顧客ニーズを満たすのかを検討します。

クロスセルは主にＷｅｂ上で行っています。ある商品の購入ボタンを押した後に表示されるサンクスページに、その商品と相性のよい商材の広告などが表示されるようになっています。

そして、サンクスページに遷移したお客様のうち、何件がクロスセル商品を注文されたかを数値管理しています。たとえば、１００件のうち10件が購入すればクロス率は10％となります。

これを育毛剤×シャンプー（Ａパターン）では何パーセント、育毛剤×健康食品（Ｂパターン）は何パーセントというように、商品の組み合わせ別に計測しています。その上で、育毛剤とのクロスセルを狙うために、健康食品では何を訴求していくか（成分か機能性かなど）を考えていきます。

④コールセンターインバウンド統計・原価管理（次ページ【図21】）

コールセンター（インバウンド）の原価管理に関するＫＰＩです。原価管理はプロフィットではありませんが利益には直結します。

「呼量」というのは、コールセンターにおける単位時間あたりの通信回線の占有量を指します。つまり、１回の通話に対してどれだけ電話を使っていたかを示します。

この呼量を月ごとに、新規注文、新規問い合わせ、既存注文、既存問い合わせ、定期停

■図 21　コールセンターインバウンド統計・原価管理

・呼量

	4月	5月	6月	7月	8月	9月	10月	11月	12月	1月	2月	3月	4月
新規注文													
新規問合せ													
既存注文													
既存問合せ													
定期停止希望													
阻止成功数													
総入電数													

・週次推移

		KPI	1W	2W	3W	4W	5W
応答率	新規						
	既存						
クロス	新規						
離脱阻止	既存						

数値管理目的

- コールセンター（入電）対応件数
- 内容内訳数（人件費/費用対効果）
- コールセンターによる「UPセル」「歩留まり」数値の確認
- 定量情報からみる解約阻止施策
- 商品企画案へ

＊統計：毎日

止希望、阻止成功数、総入電数それぞれについて計測しています。

呼量はコールセンターのパフォーマンスを表す数値です。オペレーターが顧客のニーズを素早く汲み取り迅速に対応することで、顧客満足度が上がるとともに、原価（コスト）の削減につながります。

この資料のKPIの数値管理の目的は、コールセンター（入電）対応件数と内容内訳数から人件費／費用対効果を明らかにすること、コールセンターによるアップセル、歩留まりの数値を確認すること、さらに定量情報から解約阻止施策や商品企画につなげることです。

とくに重視しているのが、「定期停止希

望者の対応」と「解約阻止成功数（歩留まり率）」です。

定期購入をやめたいと考えている顧客について、どのような対応を行い、離脱をどのくらいの割合で阻止できたかを明らかにします。

D2C事業に携わる企業にとって、歩留まりの数値とその理由を確認することは必須の作業です。

さらに、離脱阻止やクロスセルなどのKPIの週次推移も追いかけています。この数値を見ながら、解約を阻止するための施策を練るとともに、新たな商品の開発につなげる場合もあります。

⑤全SKU在庫管理シート（次ページ【図22】）

SKU別の在庫管理シートです。

在庫数と定期購入商品の出荷予定から適正在庫を明らかにし、在庫切れを予測し、SKU別に在庫不足アラートを設計します。また、Web業界ではよくあるイレギュラーな販促スピードに合わせニュートラルに対応できるようにします。

ちなみに「5か月前アラート」としているのは、弊社の商品の一つである健康食品の場

■図 22　全 SKU 在庫管理シート

商品名		フリー在庫数	3か月出荷数/件	1日出荷数/件	構成数	日時獲得予測/件	在庫消化日数/日	在庫切れ予測	5か月アラート
サプリメントA	90日定期								2023/12/17
	30日定期								
サプリメントB	90日定期								2024/3/5
	30日定期								
サプリメントC	90日定期								2027/6/30
	30日定期								
育毛剤A	90日定期								2026/5/15
	30日定期								
育毛剤B	90日定期								2024/1/25
	30日定期								
育毛剤C	90日定期								2025/2/26
	30日定期								
育毛剤D	90日定期								2032/8/18
	30日定期								
ヘアケアA	90日定期								2025/3/27
	30日定期								
サプリメントD	90日定期								2023/6/13
	30日定期								
ヘアケアB	90日定期								2025/4/11
	30日定期								
ヘアケアC	90日定期								2199/6/22
	30日定期								

数値管理目的

・商品別「在庫管理」アラート設計
　＊多在庫/欠品を生まないために回転率を上げる
　＊D2C課題：リードタイム／納品数による原価幅

合、5か月分の在庫を持っていることが必要なため。商品特性により製造リードタイムは異なり、商品によってアラートタイミングは異なります。

在庫の数値管理の目的は、在庫過多と欠品を生まないようにすることです。在庫を抱えすぎるのも、逆にショートするのも避けるために、在庫回転率を上げなければなりません。

とくに、売れ筋の商品について、在庫が少なくなるタイミングが予想できる場合はそれに合わせた発注のフローを設計します。在庫切れの事態を避けるためにアラートをしっかり管理しておきます。

D2Cビジネスではとくに在庫管理は

大きな課題です。在庫数を適切に把握し、適切なタイミングで発注することは重要な業務の一つです。

リードタイムが長いこと、リードタイムや納品数によって仕入れ原価が変わる場合があることも問題の一つですが、これは自社努力だけでは難しく、サプライヤーと良好な協力関係を築くことが必要になります。

第4章

数字に強い人材を育てる極意③

——数値に強くなるための「環境」

なぜ日本企業では社員に数値力が身につかないのか？

D2C事業を展開する企業に勤務していたAさん（30代半ば、女性）の事例を紹介します。

Aさんは広告・マーケティングを担当する部署の部長を務めており、部下も10名ほど抱えていた立場の人です。新規顧客獲得のための月間数千万から多い月で数億円という莫大な広告予算を管理していた責任者でした。

社歴7年ほどが経ち、次のステップを求めてベンチャーの小さな化粧品会社に転職することになりました。

その会社でも広告・マーケティングを担当することになったのですが、新商品を販促するための広告予算が少なかったため広告費の増額について経営側に申し入れることになりました。しかし、多くの広告費はかけられないという回答が返ってきました。

彼女は予算が必要な理由を懸命に説明しましたが、社長からの話はBSやPL、あるいは銀行からの借入などについてでした。

Aさんは前職でCPAなどの数値には触れていましたが、企業経営全体の数字の意味を理解できていませんでした。そのため、社長に対しての交渉を会社経営全体の数値レベルで行うことができませんでした。

社内の経理担当から得られる情報は会計数値のみで、これからの事業についての数値管理にはあまり参考になりません。

今後、新規事業・商品・サービスを生み出すために、さまざまな初期投資や予測ＰＬを立てたくても経験がなく、自分の数値スキル力のなさを実感し、もどかしさを感じているそうです。

おそらくこれが、日本の企業に勤めているビジネスパーソンの現実なのだと思います。

会社から、毎月多額の広告費予算を預けられてバリバリ仕事をしているような管理職の人でも、本当の意味での数値力は身についていないことが多いのです。なぜならば、額面の大小にかかわらず、会社から事前に決められた予算を渡されただけで、その担当者が経営を説得しつくり出した与信枠ではないからです。

その原因の一つは、ある程度大きな規模の会社だと、**数値管理はどうしても自分の担当する部門のみの狭い範囲になってしまう**ことです。

経営レベルでの数字を見たり考えたりする機会はほとんどありません。

このように考えると、**数字に強い人材を育成するためには「環境づくり」**というものが非常に重要だということに思い至ります。

大前提として、まずは経営サイドが「この社員にはこういうキャリアを積んでほしい。だから、こういうチャレンジをさせよう」と思い定め、必要な環境づくりに取り組んでいく強い意志を持たなければなりません。

もちろん、その前提として、マネジメント層が数字に強くなければならないのは言うまでもありません。

環境づくりというのは、生きた数値を管理するための経験値を高めるための場所づくりのことであり、**数字という共通言語で話すことのできる企業文化**をつくることでもあります。

会社が率先して環境づくりを行うことは、**社員に危機感を持たせる**という意味でも重要です。

今のまま、「数字が苦手」という状態でいいのか？

この先のキャリアを考えたときに、経営レベルで通用する数値管理ができなくてもいいのか？

〝数字ファースト〟の環境を用意することで、社員は自らそう考えるようになるでしょう。

アイデアを数値に落とし込んで新規事業を進める力がなければ、**社歴を重ねたベテラン社員でも若い社員と同じような質・量の仕事しかできない**ことになってしまいます。

組織全体で優先価値を共有する意識をつくる

数字に強い人材を育てるための最大のポイントは、「会社が優先する価値は何か？」について社員全体の共通認識をつくることです。

そして、まずは全体業務フローにおける社員おのおのの役割の中で、重要なKPI項目をしっかりと把握することが必要です。

弊社は少人数であるため一人の社員が広範囲の業務に携わることになります。そこで大切になるのが、他部署間（あるいは上司・部下間）での連携力を高めて業務遂行のスピード化を図ることです。

とくに、D2C事業にはマニュアルがありません。外的要因によって常に動的な状況で変化しているビジネスモデルであるため、部門間の連携はとても大切です。全社的に随時、情報を共有しながら**「自社モデルの正解」**をつくっていかなければなりません。

そのためには、**常に数字を意識した業務とコミュニケーションスタイルを構築**する必要があります。

こうしたことは最初に説明しただけではわかりません。日々の業務の中で繰り返し意識づけしていくことが必要です。

私が常々言っているのは、

「数字を追う意味がわかれば数字に強くなる」

ということです。

そのKPIが何を意味しているのかを全社的に社員が理解していれば、それぞれのタスクの中で「ここは重要だよね」という優先価値を自然と意識するようになります。

あるいは、「このKPIが1%上がれば会社全体の収益に大きく貢献する」といったことが感覚的にわかってくるのです。

ここで注意すべきは、どの数値がKPIとして重要かなど、数字の意味・意義が状況や事業のステージなどによって変わってくるということです。ですから、数値力は一度マスターしたら終わりではなく、そのスキルを常にブラッシュアップしていくことが求められます。

私は常々社員に対して、会社にとって良いと思われること（利益、効率化、クオリティなど全社共通で重要なＫＰＩ）については立場やポジションを問わず、いつでも発言してＯＫだと伝えています。

すると時折、若手から斜め上から来るような良い発想が出てくることがあります。ただし、「これ、良くないですか？」だけではダメです。提案した理由をしっかり説明できなければなりません。

それも定量的に説明することが重要です。「何をすれば、どのような結果が見込まれるか？」「そのために必要なコストと時間、メンバーは？」などを数値で説明させます。

数字は社員の共通言語であり、重要なコミュニケーションツールです。

数字で説明することで、提案の内容が周囲に理解され、そこから費用対効果はどうかといった具体的な話に進んでいきます。

たとえば、全社的に共有すべき重要な事項は次のようなものです。

【例1】利益が出せる仮説や仕組みはすぐに提案する

会社の優先価値が社員の間で共通認識になっていれば、そこに沿った発想が生まれてきます。そうした発想力を鍛えたいところです。

【例2】コストが下がりそうな案件はすぐに共有する

コストセンターばかりではなく、プロフィットセンターであるマーケティング部門の担当者であっても全体的なコストについて意識しておくべきです。部門にかかわらず全般的な業務・サービスに関してでも、「こうすればコストが下がる」というアイデアがあればぜひ発信すべきだと考えています。

【例3】「失敗しそう」「うまく進んでいない」と感じたことはすぐに共有する

ここはとても重要で、現場での日々のタスクの中で「これ、まずいんじゃないかな」とか「これって時間の無駄じゃないか」といった直感というのは案外当たるものです。ですから、社員には違和感を感じたら早めに共有するように徹底させています。コールセンターや広告代理店など業務委託先の会社に対しても同じです。

時間と原価が毎日のようにかかっている世界なので、問題発生後、しばらくしてから気づいて修正すること、もしくは、気づいていても自信がないから説明できないことは会社にとって死活問題です。

不正購入などの疑いについても、「何かおかしい」と感じたらすぐに報告するよう社員に意識させています。とくにＷｅｂの世界は玉石混交なので、リスクマネジメントのために非常に重要な点です。

［例４］起案者は自らプロジェクト・マネージャー（ＰＭ）になる

新しい事業や業務改善などのアイデアを提案した社員は、上司からの決裁後に、自らＰＭになって責任を持って実行することにしています。

それをきっかけに、これまでやってこなかった事業計画ＰＬを作成するといった経験を積むことができます。企画を提案した人間を先頭に立たせて案件を進め、早く実績を上げさせることは社員のモチベーションアップにつながります。

プルチャーム流「目標と主要な結果」

ＫＰＩと似た考え方で、近年、ＯＫＲ（Objectives and Key Results：目標と主要な結果）という目標設定・管理方法が注目されています。

これは、**すべての社員が同じ方向を向き、明確な優先順位を保ちつつ、一定のペースで計画を進行することを目的**としています。

特徴は、企業と個人の目標をリンクさせて、目標設定→進捗確認→評価という一連のサイクルを迅速に回していくということです。

ＯＫＲとＫＰＩの違いはいろいろありますが、基本的に前者は会社全体に共通する目標を設定しますが、ＫＰＩでは業務のプロジェクトごとに目標を設定します。

もともとＯＫＲは、ＭＢＯ（目標管理制度）の効果をより高めるために開発され、主にＧｏｏｇｌｅやＦａｃｅｂｏｏｋ（現在はＭｅｔａ）などシリコンバレー系の企業で導入されています。グローバル企業では、異なる価値観を持つ社員それぞれが納得できる業績の評価を行う必要があるからで、その有効な目標管理ツールとしてＯＫＲを採用しています。

ＯＫＲのメリットの一つとして、全社で目標を共有しているため、組織への貢献を一人ひとりが実感しやすいことが挙げられます。それによって、社員のエンゲージメントが向上します。

ＯＫＲの詳細は他に譲りますが、私の印象としては大手外資系企業にはフィットするツールであるものの、ベンチャーや中小企業にそのまま当てはめるにはやや違和感があります。

ただ、企業と社員個人のベクトルを合わせるという基本的なコンセプトや目標達成へのアプローチなどは、弊社の考え方と重なるところもあります。

そこで、プルチャーム流の「目標と主要な結果」の考え方を整理してお話ししたいと思います。

⑴ 前提

まず、全社的な目標を数値化（可視化）して共有し、社員に徹底的に意味を理解させることが大切です。ここがすべてのスタートです。

そのために、全社的／部門別の重点ＫＰＩ項目を設定します。これがずれてしまうと雑な目標管理になってしまいます。可視化して、その意味を社員に説明することが非常に重要です。

なぜそのＫＰＩが重要なのかを理解できていないと、数字をただＥｘｃｅｌに落とすだけに終始したり、ＫＰＩを単なるノルマと考えてしまいがちです。

（2）目標設定（プロフィットセンター、コストセンターを問わず）

できる限り「定量可能な指標」に基づいて、目標達成に向かって案件を進めることを重視します。

とくに弊社では、前述したようにコストが利益に転じていく業務が多いため、コストセンターであっても単に「コストを抑える」だけではなく「どうプロフィット化するか」を意識して各自の目標達成に向かって数値管理を行っていきます。

（3）評価基準と時期の考え方

個々の社員のドメイン（業務）の目標について、「明確な意図」をもって、「達成基準」

を数値化し、さらに時間軸に表します。

ＫＰＩを確認するタイミングは、①個人＝上期／下期、②タスク＝月／Ｑ（四半期）ごと、③最重要項目＝毎日、となります。

ＫＰＩは多種多様であり、毎日、毎月、毎週と確認するタイミングはそれぞれです。個人のＫＰＩは大きく上期と下期で見ますが、それぞれのタスクについてはもっと細かく確認します。中には、毎日レポートさせるような数値もあります。

この目的は、社員エンゲージメントを向上させることにあります。**自分たちがかかわっている数値の動きが全社的にどういう意味を持ち、全体の進捗の中で現在どの地点にいるのかを明確に意識すること**が大切です。

（4）全社優先項目のアクションについては部署横断型業務を推奨

これは、事業の全体像を理解して着実に推進していくために不可欠です。もちろん、全社優先事項についてはあらかじめ設定されていることが前提です。

とくに少数精鋭の会社では、優先的なＫＰＩは部署にかかわらず全員参加で達成に向かって連携することが必須になるでしょう。

ます。

（5）コミット分野（既存事業）とチャレンジ分野（新規事業）を明確に分けた目標管理

ここがおそらく一般に言うOKRと弊社の考え方の最も違うところではないかと思います。

弊社では**目標管理について、「既存事業」と「新規事業」とを明確に切り分けて**考えています。

既存事業でも新規事業でもできる限り数値管理を行うことが基本ですが、定量化できないもの（企画・調査・ブランディングなど）は無理に定量化させません。

また、チャレンジ目標（ストレッチ目標＝少し背伸びすれば達成できそうな目標）はできるだけ高めに設定させます。進捗の過程で目標を引き上げることも考慮します。

チャレンジ分野の目標設定について、OKRでは、「60〜70％の達成度を目指す高い目標」を設定しますが、弊社ではそういう考え方はしていません。基本は既存事業を着実に進めるという目標があった上で、新規事業についてはもちろん低すぎる目標設定はしませんが、**現実的な進捗状況の中で小さな失敗も折り込みながらフレキシブルに対応**していきます。

新規事業（チャレンジ分野）について重視しているのは、**社員の方から提案させるようにし、自ら目標値をつくらせる**ようにすることです。

担当業務を進めながら数字の意味を理解する

次ページの【図23】は私の考える数値力アップに向けたビジネスの進め方の流れです。数字に慣れていない社員に、いきなり「新規事業のＰＬ（収支計画書）を書きなさい」とか「キャッシュフローを覚えなさい」と言っても無理ですし、単なる知識としてインプットしてしまうとビジネスに応用することができません。

数値力とひと口に言ってもさまざまな種類があります。個々の社員のベースにある数値力に対して、業務の内容（Ａ～Ｆ）によってそれぞれ異なった数値力スキルが要求されることになります。

重要なのは、会社側がそれぞれの社員の特性や能力レベルを見極め、それを考慮して、「何を」「どの順で」「どうやって」身に付けさせるかという流れを決めてあげることです。

どのような部署を担当することになっても、必ず数字はついて回ります。

■図 23　OKR 的な数値力の身につけかた①

◆数値力アップに向けたビジネスフロー

さまざまな種類の数値力があるが
重要なのは個別社員の「**特性／能力レベル**」を考慮（把握）し
「何を」「どの順で」「どうやって」、身につけさせるか？

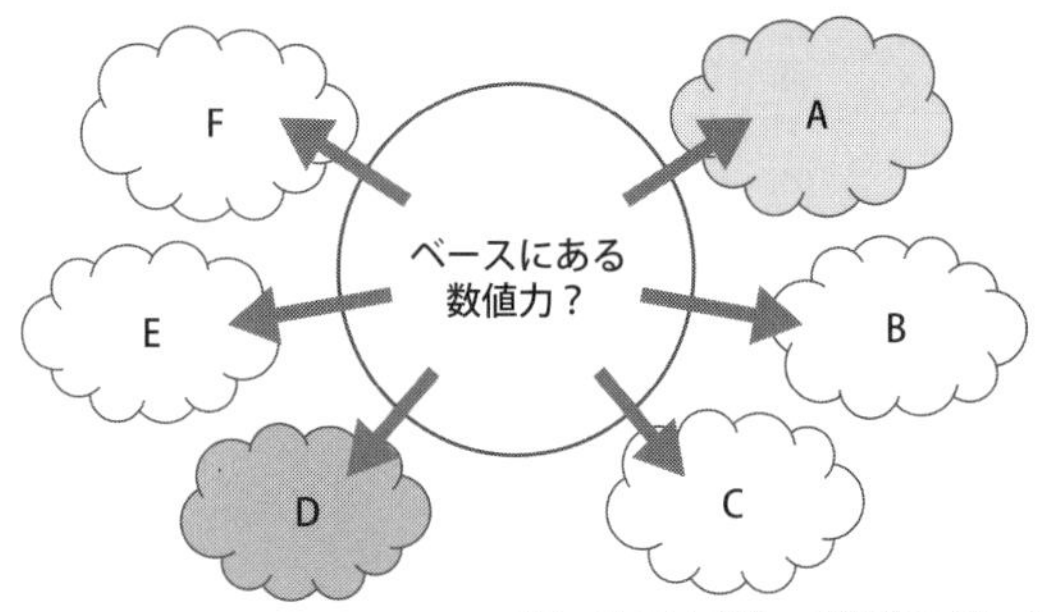

※A〜Fは各々異なった数値スキル／業務内容

プルチャームの場合

例えば複数の数値力スキルから
A・Dの数値力アップを狙う場合のスキーム

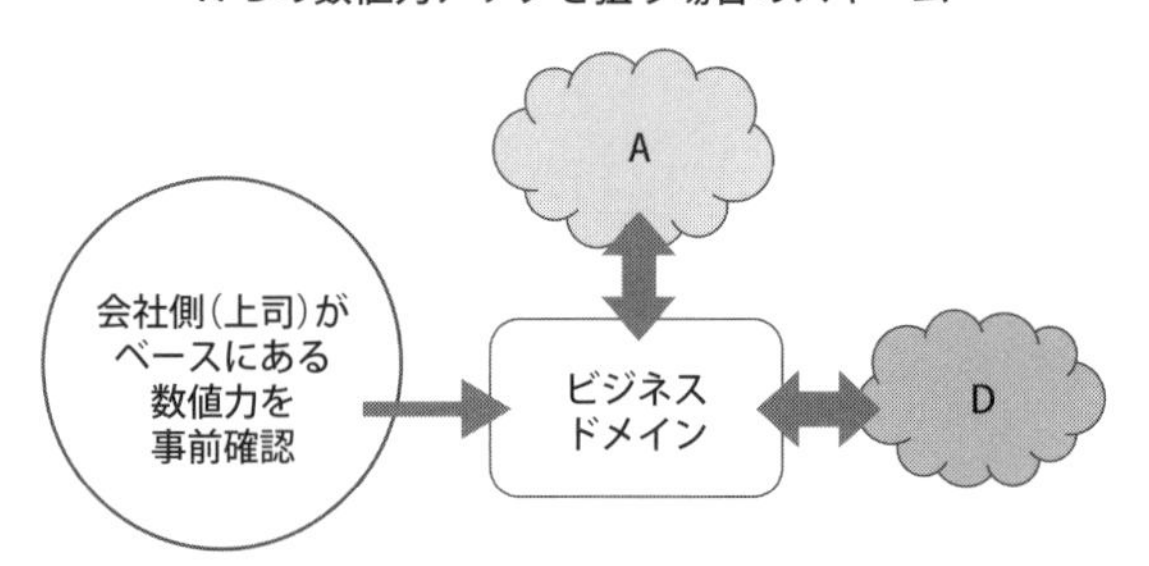

◆Aに関する数値力を身につけさせたい場合
→ シナジーがある業務／ドメインを担当させ業務を推進しながら
「数値の意味・意義」を平行して理解させること

ですから、ＯＪＴによって、**担当する業務・ドメインに関係する数字から覚えていくのが数値力をアップさせる近道**になります。

プロフィットセンターの社員であれば、Ａ～Ｄの業務から始めた方がいいとか、バックオフィスの社員はＥ、Ｆに関する数字から強くなった方がいいといったある程度のパターンがあります。

弊社では、たとえ20代半ばであっても、新規の事業や商材を企画提案した社員には自分で事業計画ＰＬを書かせます。**自分がチャレンジする新しい事業に関係する売上や利益、原価などの数字をすべて設計させた方が、早く数値力が身につく**からです。

プルチャームにおける数値力アップを狙う場合のスキームは次のようなものです。

Ａに関する数値力を身に付けさせたい場合、Ａに直接関連のあるスキルだけではなく、Ａと関連性のある業務・ドメインであるＤも担当させ、その**業務を推進しながら、数字の意味・意義を平行して理解させる**ようにしています。

たとえば、「新規サービス企画のプロジェクト・マネージャーがＰＬの作成方法を学ぶ」「新商品企画の担当者が原価管理を学ぶ」といったように、互いに関連し、しかも同時に

■図24　OKR的な数値力の身につけかた②

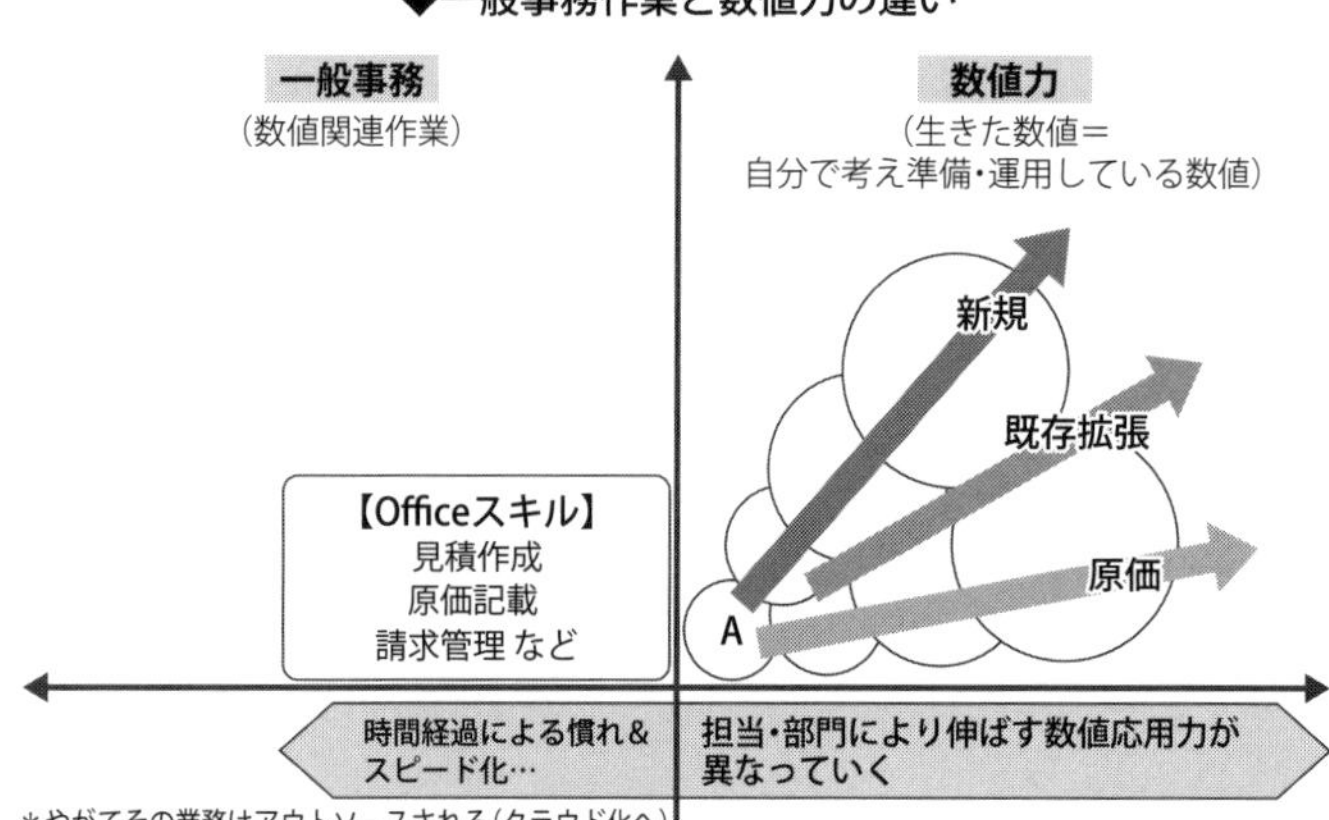

学ぶことで相乗効果がもたらされるような業務を担当します。

こうしたアプローチによって、どのような業務・ドメインにおいても広く応用できる数値力を身につけることができます。

数値力とは「生きた数値」を扱えるスキルです。生きた数値というのは、**自分で考えて、準備・運用している数値のこと**です【図24】。

ここが一般の事務作業で扱う数字との大きな違いです。

一般事務作業における数値関連作業は、見積作成や原価記載、請求管理といったスキルがその大半を占めます。

こうした作業は従事する時間とともに慣れていき、スピードアップしていきます。しかし、これらの業務はどんどんクラウド化され、やがてアウトソーシングの対象となります。ですから、そこにどれだけ一生懸命時間を費やしても、価値の高いキャリアとはなりません。

一方、新規事業の推進や既存事業の拡張、原価管理などの場面で扱う数値に強くなれば、全社的な目標達成や企業価値の向上にコミットすることができます。

これがこれからの時代のビジネスパーソンとして生き残るための方向だと思います。

社員にとって、伸ばす数値応用力は担当・部門によって異なります。

しかし、互いに関連するさまざまな生きた数値を扱う経験を積むことで、知らず知らずのうちに総合的な数値力スキルを身につけることができるでしょう。

業務を細分化し早めに小さな失敗を経験させる

個々の社員がそれぞれ担当する業務・ドメインにおいて数値力を身につけるために必要なのは「業務内容の細分化」です。これが環境づくりの入口です。

とくに少数精鋭の会社では、どのような部署においても、一人の社員が抱える業務はきわめて広範囲にわたることになります。

そのため、全体のドメインだけで考えると、どこで利益が上がっているのか、逆にどこにコストの無駄があるのかが見えにくくなります。

D2Cはサプライチェーンとは違って、商材を考えてモノを作って、集客して、納品してお金が入ってくる。さらに、継続的なリピートによってLTVを向上させる。こうした流れを全体的に把握した上で、自分が担当している業務の中でKPIを設定し、どこがポイントになるかを明らかにすることで、収益を上げるためには何をやるべきかがおのずと見えてきます。

すでに述べたように、数字に強くなるためには、早く・小さく・複数の失敗をしておくというプロセスが必要です。結果的に、その方が早く正解（自社にマッチした小さな実現方法もしくは、具現化力）にたどりつくことができるからです。

小さなトライ・アンド・エラーを繰り返した人間は、**「失敗しそうだな」という勘が鋭く働く**ようになってきます。自分の中でアラートが鳴る。それが大事だと思っています。

そこで会社として失敗を許容するために重要になるのが、まさに「業務内容の細分化」なのです。

全体のプランが大きいと、途中で失敗することは大きなリスクになります。しかし、業務を細分化しておき、その中で小さなプランにチャレンジするというやり方であれば、その中でたとえ失敗して損失が出たとしても、会社全体から見れば許容範囲におさまります。

会社側としては、リスクをどこまで許容できるか（数値的投資リスクの許容範囲）をあらかじめ決めておくことが大切です。

では、「業務内容を細分化して小さな失敗をさせる」とはどういうことでしょう？

第3章の「失敗から成功に転じた事例」でも少し言及した広告・マーケティングを例に詳しく説明しましょう。

弊社では、新規顧客獲得のための施策はほぼWeb広告のみでした。設立以来、Web広告以外の広告はやっていませんでした。

同じ化粧品や健康食品などの商材を扱っている他社では、インフォマーシャル広告やラジオ、雑誌、チラシなどさまざまな広告を運用しています。

そこで、弊社でもWeb広告だけでなく、新しいチャンネルの開拓を試みることになりました。

そこでネックになるのが広告費用です。いきなりテレビCMなどに初期投資・運営費で数千万を投入するわけにはいきません。そこで、さまざまな媒体の広告費用をマーケティング部門の担当者に調べさせ、一定の広告予算を取って試みに実施することになりました。

こうした新たな広告チャンネルの開拓には時間がかかります。しかし、マーケティング部門ではWeb広告のKPI達成などの通常業務もあります。同時並行で新たなタスクに取り組むことになります。

そうした試みの中で、さまざまな媒体の費用対効果などもわかってきます。それなりに集客できた媒体もあれば、全く期待と違ったものもありました。

ただ、全社的な取り組みとしては、Web以外の広告にもコストをかけるための理由づけが必要です。しかし、半年間やってみて、どの媒体においても明らかなメリットを見出すことはできず、ほぼ失敗に終わり、結果的にWebマーケティングに集中することになりました。

新規プランに取り組む際に、そこに専念させて失敗した場合、担当した社員のモチベーションが下がってしまう可能性があります。

そこで、担当者のタスクは「新たな広告媒体の費用対効果を確認する」といったものに限定するとともに、失敗も想定し、投入する予算の上限を先に決め、時間を区切るなどのリスクヘッジを行いました。

結果的には失敗に終わりましたが、Ｗｅｂ広告のアドバンテージを改めて確認できたという効果をもたらしました。

たとえ、小さなプランであっても、若いうちに数字を扱う緊張感を体験させることで**「数値に対する度胸」**がつきます。その経験がいずれ大きなチャレンジ分野を手がけることになった際に、ストレッチ目標を達成するために必ず役立ってきます。

そして、ここで最も重要になるのがマネジメント層の意識改革と覚悟ではないかと思います。

経営陣や上司の姿勢から、部下が「たった一度の失敗も許されない」というプレッシャーを感じてしまったら、失敗を恐れて萎縮し、チャレンジなどできなくなってしまいます。

経営者やミドルマネジメントの方は、小さな失敗が許されるような企業風土の醸成と環境づくりにぜひ心を砕いていただきたいと思います。

若い社員に業務の意味を理解させる

多くの企業が共通して抱えている悩みの一つが「若手社員をどう動かすか」ということではないかと思います。

とくに、30代くらいの中間管理職が、20代半ばくらいの若い世代をどう教育していけばいいかに迷っています。

若い社員の数値力を高め、能力を伸ばすためのポイントは、「アクションの意味・意義を理解させる」ということです。それによって業務のスピードと質が向上します。

問答無用の指示は通用しません。「その業務にはどういう意味があるのか」「なぜその業務に時間を使うのか」が理解できないと若手は動かないのです。

さらに、業務の意味は理解できたとしても、明確な目標値がないと自分の仕事の結果に対するイメージがつかめません。

そこで企業として最初に取り組むべきことがまさに「環境づくり」なのです。つまり、前述したように、数字についての全社的な共通認識を醸成することです。

その企業が展開している全体のサービスフローの構造を教えた上で、その各フェーズにおける数字の意味を理解させるのです。

「これは良い数字」「これは悪い数字」ということが理解できれば、悪い数字を追いかけるために時間を使うのは無駄だということがわかってきます。数字で確認して、やってみて意味のなかった余分な作業をどれだけ早く削除して消化していけるかが重要です。

そして、若い社員が、会社全体の収益構造の中で「自分はここに貢献しているんだ」という手応えを感じることができるようになります。

そうなれば、間違いなく仕事の質とスピードが上がっていきます。

いまの若い世代は「自分の価値観」がはっきりしているし、「時間の効率化」をとても意識しています。Ｗｅｂ慣れもしています。

数字にもある程度強い人が少なくありません。しかし、数値を扱う業務は「面白くない仕事」ととらえてしまいがちです。

そういう世代の社員を動かすには、自分が行っている業務の意義やＫＰＩの意味を明確に伝えることが不可欠です。

彼ら彼女らの傾向として、全体の〝絵〟が見えて、ひとたび自分の腑に落ちると、仕事に邁進するようなところもあります。

デジタルネイティブ世代である20代半ばくらいの人材は、デジタル化が進むビジネスの世界において欠かせない大きな戦力です。その能力を最大限に引き出せるかどうかは、企業の経営層や管理職のマネジメント能力にかかっていると言っても過言ではありません。

第 5 章

数字に強くなり、圧倒的な成果を上げた実例

実例1　マーケティング部門

担当者A（20代後半、女性）、2021年入社

Aはもともと広告代理店で営業や制作系の仕事をしていましたが、2021年にプルチャームに入社しました。

転職した理由は「事業全体の施策や事業計画に携わりたい」というものでした。未経験の枠で入社し、最初はマーケティングのサポート、広告代理店の窓口担当からスタートしました。

これまで取り組んできた主な業務について紹介します。

コールセンター業務にも関与しKPI108％を達成

最初に担当させたのは集計係でした。数字に慣れてもらうためです。

業務としては、まず定例資料の作成です。売上や継続率、クロスセル率などを集計して週1回の定例会議に提出させました。さらに、定期購入者の動向を把握するために、日々

の定期稼働数の集計を行いました。

集計の業務に携わったのはこれが初めてでした。集計の方法についての勉強を通して、マーケティングに限らず、全社的な数値を把握することにつながりました。

入社1か月後には、化粧品の知識を増やすために「日本化粧品検定1級」を取得、さらにコスメ版薬剤師ともいえる「コスメコンシェルジュ」の資格も取得しました。

日本化粧品検定は文部科学省後援の公的資格で、化粧品の成分や製品の種類・働き、化粧品の歴史や薬機法などの法律、化粧品広告についての法律などが出題範囲になります。Aは、その知識を商品企画や広告・マーケティングの部分で活用しています。

さらに、「毛髪診断士」や「サプリメント管理士」の資格も取得し、クリエイティブに生かしています。

Aは通常の集計業務を行いながら、昼休みなどに資格取得のための勉強をしていたようです。彼女は、学ぶことや目標に向かってやり遂げることが好きなのだそうです。

次いで、代理店の業務と並行して、シニア層に向けた5社の紙媒体の施策に取り組み、CPOがよかった媒体やその傾向を把握しました。時間的な制約もあったため、他の業務との優先順位を決めて取り組みました。

さらに、本来のマーケティング業務に加え、自発的に、アウトバウンドのコールセンター業務のサポートにも関与しました。ある媒体の会員に向けての電話についてのトークスクリプトの見直しやコースの追加など、成約率を上げるために取り組み、目標のＫＰＩに対して１０８％を達成しました。

また、ＳＮＳ関連では、ＬＩＮＥの友達登録者数を増やす施策に取り組みました。メルマガの開封率が年々下がってきていたため、ＣＲＭ施策としてＬＩＮＥの活用を考えました。

インフルエンサーを活用するなどして、友だち登録を月平均に対して91%以上増やすことに成功しました。インフルエンサーマーケティングのツールを使ってインフルエンサーを見つけるわけですが、そのプラットフォーマーを探すところから始めたので苦労したようです。

月に１００名ほどのインフルエンサーを起用しましたが、最初の半年はインフルエンサー施策にも取り組みました。インフルエンサーに対する投稿内容指示書などを作成した結果、アンケート回答率が平均14%だったのを78%にまでもっていくことができました。

さらに、ロイヤルティー施策で、ポイント施策やプレゼント企画にも取り組み、継続率アップにも貢献してくれました。

入社2年目で新商品の開発を手がける

入社して早くも1年後には、新規事業の立ち上げを担当することになりました。

弊社のヘアケアブランド「イクモア」は40〜50代がメインターゲットですが、SNS経由での購入率が低いことから、若年女性向けの商材が必要だと感じたことがスタートでした。

「効果があって、持っているだけで嬉しくなるものを作りたい」というAの想いから、毛髪診断士や髪の専門家と改良を重ねて商品開発に至りました。

それが女性若年層向けの頭皮美容液「イクモアキュート」シリーズです。

Aは事業計画、PL作成、スケジュール管理、商品企画、原価計算、広告KPI設定まで一貫して取り組みました。もちろん初めての経験です。

LPや同梱物（商品とセットで送る広告などの印刷物）の構成などもゼロから考え、クリエイティブ面にも力を入れました。また、商品企画では容器探しから始まり、実際に容器屋さんに足を運んで見つけてきました。

Aはすでに後輩の指導にも当たっています。

後輩にさまざまなことに挑戦させ、任せられる業務が増えていき、タスク管理も一緒に調整しながら取り組んでいるようです。

Aは、これからの目標について次のように考えているとのことです。

「キュートシリーズの売上を上げるために、他のラインナップの開発も進めながら、時代に合った訴求や売り方を考案していきたいと思います。また、ECモールでの売上強化のために、キャンペーンなどに積極的に参加してKPI達成に取り組んでいきます。さらに、お試し商品から本商品の購入への転換を示すKPIである『引き上げ率』の向上を図るために、新しい施策や見直しなどを行っていきたいと思っています」

他にも、SNS施策としてAがいま注目しているのは、LINEの「カートシステム連携」です。ECのカートシステムとLINEを連携させることで、顧客情報・注文情報に紐付いたLINEでのCRMが可能になり、LTV向上が期待できます。

実例2　管理部門

担当者B（30代前半、女性）、2021年入社

弊社のバックオフィス業務は基本的にBが1人で担当しています。

経理や総務、人事などの業務や法律事務所や会計事務所とのやりとりから、コールセンターとフルフィルメントの管理まで、きわめて広範囲な業務に携わっています。したがって、全社的な業務についてはすべて把握しています。

入社前は、歯科医院や製薬会社の研究所などで事務の仕事をしていました。

医薬品ではないものの、化粧品や健康商品は身近な存在だったようです。製薬会社ではそれらの製品がどのように作られるのかを見てきましたが、次はその製品がどのようにお客様に届き、どのような反応が得られるのかを体験したいという思いから、プルチャームへの入社を希望したそうです。

定期解約阻止について目標以上のＫＰＩを達成

入社して最初に携わったのは、社内の総務管理やバックオフィス業務でした。さらに、コールセンターとフルフィルメントの管理を前担当者から引き継ぎました。

コールセンター業務に関するこれまでの施策としては、定期解約希望の電話に対して、解約を阻止するための提案などシナリオの改善に取り組みました。

その結果、解約阻止の目標ＫＰＩ25％に対して30％まで引き上げることができました。一般のリピート通販の会社での離脱率は20％にも満たないと思います。解約阻止率30％というのはかなり高い数字です。

とくに、力を注いだのは転売ヤー対策です。マーケティング部で考えた転売防止施策に合わせて、コールセンターでのトークの内容を改善しました。また、初回1か月で解約する場合は、単品との差額を支払っていただくという施策も転売ヤー対策として有効に機能しました。

また、新規獲得顧客が増えると、「使ってみたけれど肌に合わない」などの理由で解約を希望するお客様も多くなり、コールセンターの呼量が増えてきます。

そこで、新規獲得数、呼量に合わせてコールセンターの人員調整を行い、人件費の削減に成功しました。コールセンターは月に１人50万円ほどの人件費がかかります。ここを調整するだけでもインパクトのある金額になります。

新規獲得数に対する2回目、３回目といった継続率のデータが蓄積されているので、その数値から呼量を予測して人員を調整しています。


Ｂは、コールセンターの業務委託費用を削減し、費用対効果を上げるための交渉も担当しています。

一つのコールセンターだけに任せるのはリスクがあるので、常時3社ほどとはつながりをもっています。取引しているコールセンターから値上げの要請があった場合、相見積もりを取って、各コールセンターと交渉します。こうした交渉で実際に時間単価１００円の値下げを実現しました。時間単価１００円の値下げということは月にすると何十万円の削減になります。原価に関しては常に10円以下の単位での交渉が前提です。

フルフィルメントのコスト削減に貢献

倉庫と受注代行業務を任せているフルフィルメントセンターが東京・品川にあったのですが、地代が高いため保管料がかかるという課題がありました。

同じ会社が埼玉にも倉庫を持っていたので、Bが中心となって品川から埼玉への倉庫移管を進めました。それによって1パレットあたりの保管料を削減することができました。

最近の物価上昇の流れもあり、倉庫のコストも上昇する傾向にあります。その会社からも人件費、光熱費の高騰があって作業料を10％値上げしたいという要請がありました。10％というのはかなりのインパクトです。保管している商品の量がかなり多いので、月に数十万円単位でコストが上がってしまいます。

そこで、Bは同じ埼玉県内の他の業者との相見積もりを取って交渉に当たりました。結果的に、保管料は据え置き、作業料10％の値上げ要請に対して5％に抑えることに成功しました。

また受注代行業務については、不正注文が疑われる購入を発見する精度を上げることに力を注ぎました。

カートシステムにおいて受注情報の中で不正注文がないかどうかは、最後にフルフィルメントセンターで確認してもらいます。弊社はクレジットカード決済については後払いにしており、受注が通ったということは一応、与信は確保されたということですが、そこをかいくぐっての不正注文もあります。

フルフィルメントセンターでは、疑わしい住所や名前、不審なメールアドレスなどから不正注文を見抜くノウハウを持っており、その精度を上げることで月に１００件以上も発送前に注文をキャンセルすることができるようになりました。

また、在庫管理については一括仕入れにすることにより単価を5～10％削減することに成功しています。

管理部門では、コールセンターとフルフィルメントで5％程度は削減できるようにＫＰＩで目標設定をしています。

成果報酬型の求人への切り替えを模索

もともと、弊社の人材採用は親会社のＥＣＨが担当していましたが、２０２４年４月からＢが窓口になって採用活動を行うことになりました。

従来の採用は求人媒体に記事を掲載して求職者を募っていました。しかし、求人広告の料金は媒体掲載費用です。採用ゼロでも何十万円という初期コストがかかってしまいます。また、求人媒体からの応募では弊社の求めるレベルの人材が集まらないというジレンマもありました。

そこで、現在すでに媒体での求人はやめており、今後は成果報酬型のスカウトやヘッドハンティング採用に切り替えていくことも考えています。

第6章

数字に基づく評価制度のあり方

社員自らが目標を管理するＭＢＯを導入

弊社では平等で透明性の高い人事評価を行うことを徹底しており、人事評価も数値から設計しています。

そこで、多くの企業でも導入しているＭＢＯ（Management by Objectives：目標管理制度）による組織マネジメントを人事評価に活用しています。

もともとＭＢＯは目標達成を効率化するためのマネジメント手法ですが、経営戦略や人事考課との連動が付加されたハイブリッド型の制度になっています。

その大きな特徴は、**組織と個人の目標をリンクさせた上で、社員自らが目標を決め、その達成率や進捗に応じて人事評価を行うという点**です。

この制度のメリットは、評価の不透明性がなくなり、目標と評価に対して社員の納得感を得られやすいため、従業員の目標達成へのモチベーションが上がることです。目標が達成されれば評価が上がり、報酬へと反映されます。

ＭＢＯの目標設定のポイントは次のとおりです。

①明確で具体的な目標を決める
②適正な目標レベルを設定する
③目標達成の期限（時間軸）を定める
④目標達成のための具体的な方法と達成基準を明確にする
⑤社員の成長と会社への貢献が同時に実現できる内容にする

ＭＢＯは運用のプロセスで上司と部下が話し合いを持つことになるので、組織内のコミュニケーションが円滑になるというメリットもあります。

ＭＢＯは目標管理という意味で前述したＯＫＲとも似ています。違いは次のような点です。

【目的】

ＯＫＲの目的は主に生産性の向上ですが、ＭＢＯは社員のモチベーションの維持を重視し、より評価制度としての機能が強くなります。

【目標の共有対象範囲】

ＯＫＲは個人目標を全社員で共有しますが、ＭＢＯでは共有対象範囲は基本的に上司と部下（個人と部署）になります。

【目標と達成率の設定】

ＯＫＲはムーンショット目標など、よりチャレンジングな目標を設定し、60〜70％程度を達成すれば成功とみなします。一方、ＭＢＯは努力すれば達成できるレベルの目標を設定します。その目標に対する達成度を評価するので、１００％の達成率を目指すのが基本です。

いずれにしても、目標管理や人事評価の制度というものは単に導入すれば事足りるものではありません。その背景に、「こういう人材に育ってほしい」という経営サイドの想いがあって初めて機能するものだと思います。

既存事業と新規事業に分けて目標評価軸を設計する

弊社の人事評価は基本的にＭＢＯに基づいたマネジメントを行いますが、ややＯＫＲ的な考え方もミックスされているのではないかと思います。

プルチャーム的な人事評価の最大の特徴は、**既存事業と新規（チャレンジ）事業とを分けて目標評価軸を設計しているという点**です（次ページ【図25】）。

その狙いは、大小問わず、社員が自発的に新しいことにチャレンジしやすい環境を整えるためです。

まず、全社目標の対象は既存事業＋新規事業ですが、ファースト・プライオリティはそれぞれの社員が担当している既存事業のＫＰＩを達成することです。

多くはその既存事業から派生して新規のアイデアや大きい事業計画が出てきます。新規案件Ａ、Ｂ、Ｃが出た場合、それぞれの案件は担当者にとって既存事業プラスアルファという位置づけでの評価目標とします。

一般的にＭＢＯを設計する際に、既存事業と新規（チャレンジ）事業を合わせて全体を評価目標としがちです。しかし、常識的に考えれば、チャレンジ分野がすぐに成功する確率はきわめて低いわけです。そこも既存事業と同等の評価対象にしてしまうと、失敗した場合に、全体の評価が低くなってしまいます。そうなると、社員のモチベーションは下がり、

■図 25　プルチャームの OKR 的な評価設定

◆OKR的な評価方法（＆MBO設計）
既存事業と新規/チャレンジ事業と分けた目標評価軸を設計
目的：大小問わず新規にチャレンジさせやすくすることが狙い

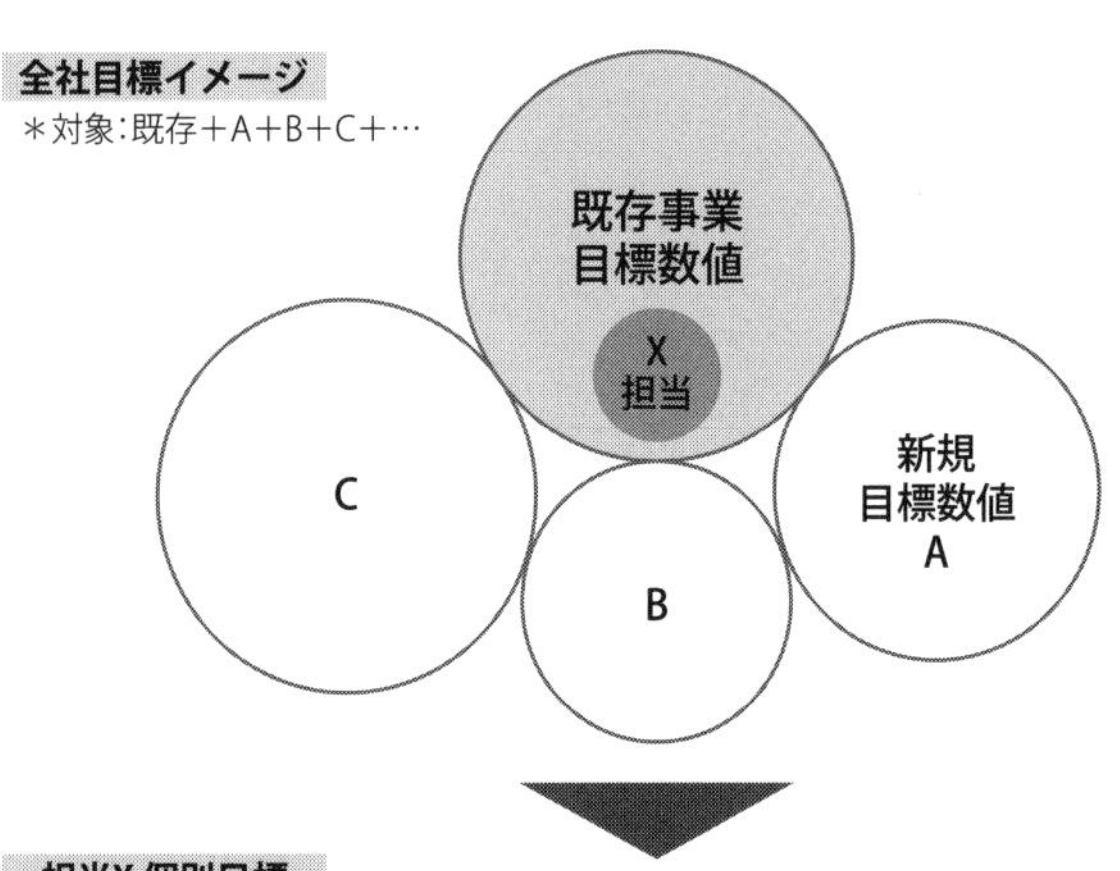

①をベースに定量評価
＊②が未達（結果が出なくても）でもマイナス▲にはならない

【例】
1）既存評価達成50％（C）＋新規評価達成50％（C）
　→ B評価（プラス役職アップ可能性）
2）既存評価達成70％（B）＋新規評価達成0％（D）
　→ B評価

「チャレンジしよう」という気持ちが失われてしまいます。

また、新規案件の実現にチャレンジすることはもちろん大事ですが、そこにとらわれすぎて既存事業がおろそかになってしまうことは絶対に避けなければなりません。そもそも弊社は少数精鋭ですから、既存事業におけるタスクがきわめて広範囲にわたり、その目標を達成するだけでも社員の毎日は多忙をきわめます。

そこで、弊社ではMBOを次のような考え方で運用しています。

まず、個別の目標としては既存事業を①コミットMust対象、すなわちMBOのメイン評価対象とします。

既存事業のKPIを100%達成することを目指し、その上で自分の考えた②チャレンジ対象（新規事業）にも挑みます。ただし、チャレンジ対象については結果に対してプラスアルファの評価とします。

つまり、①のコミットMust対象をベースとして定量評価を行い、②チャレンジ対象が未達でも（結果が出なくても）、マイナス評価にはなりません。

たとえば、次の2つのケースを比較してみてください。

【例1】既存事業の評価達成50％（C評価）＋新規事業の評価達成50％（C評価）

既存50％達成ですからそれに対する評価は高くはありません。しかし、新規事業で50％を達成しています。どちらもC評価ですが、チャレンジ対象はプラスアルファの評価になります。そのため、全体としてはB評価となります。

チャレンジ分野に対しては、よりモチベーションの上がる社員が少なくありません。数字の上がりそうなアイデアに対しては、得意分野を見極めるためにも、弊社ではどんどんチャレンジさせるようにしています。新しいことに自主的にチャレンジしたいという場合、たとえ既存事業の達成度は低くても、新規事業を頑張った結果はプラスアルファの評価に加えられることになります。

【例2】既存事業の評価達成70％（B評価）＋新規事業の評価達成0％（D評価）

既存事業は70％達成でB評価です。ところが、新規事業に振り分ける時間がなかったのか、あるいはアイデアがまとまらなかったのか、結果を出すことはできませんでした。しかし、これをマイナス査定とはしません。MBOのメイン評価対象である既存事業がある程度まで達成できているので、こちらも全体としてはＢ評価になります。

全社予算が各部門のＭＢＯに直結

弊社では全社予算（期間4月～翌3月）が毎年3月には完成します（次ページ【図26】）。

この全社予算はＭＢＯに直結しています。

経営サイドが翌年度の全体的な目標を設計し、予算を3月の時点で決定します。そして、その目標を達成するために、振り向ける社員の人数や役割分担を決めていきます。

なお、予算シートは既存事業と新規事業とを完全に分けています（図26は既存事業における目標予算のみを示しています）。

この全社共有の予算シートはもちろん社員にも公開します。その目的は重点目標である「年間売上／利益」および「それぞれの原価」「Ｑ（四半期）別ポイント」の大きな数値を社員に暗記させるためです。さらに、年間を通じて攻める月（新規獲得や新規マーケティング施策など）、各施策実施タイミング（月）を把握させます。

■図 26　全社予算（期間 4 月～翌 3 月）

◆ 全社共有用予算シート

詳細予実PLは別途あり
【重点目標】
年間売上/利益 および「各々原価」「Q別point」の大きな数値を暗記させる目的
※年間を通じて攻める月（新規獲得・新マーケ 等）、各施策実施タイミング（月）を把握
<備考> 既存事業における目標予算のみ（＊新規チャレンジ事業は別PL）

■プルチャーム（2023年４月～2024年3月度予算案）　作成：2023年3月XX日版

2022年度着地：XX億														
【広告投下レベル】	★	★	★	★★	★★	★★	★★★	★★★★	★★★★	★★★★★	★★★★★	★★		
【在庫管理】						☆☆						☆☆		
	2023年									2024年				
	4月	5月	6月	7月	8月	9月	10月	11月	12月	1月	2月	3月		
売上	XX,XXX,XXX	XX,XXX,XXX	XX,XXX,XXX	XX,XXX,XXX	XX,XXX,XXX	XX,XXX,XXX	XX,XXX,XXX	XX,XXX,XXX	XX,XXX,XXX	XX,XXX,XXX	XX,XXX,XXX	XX,XXX,XXX	X,XXX,XXX,XXX	100%
＊Q売上			ZZ,ZZZ,ZZZ			ZZ,ZZZ,ZZZ			ZZ,ZZZ,ZZZ			ZZ,ZZZ,ZZZ		
①広告費														
②仕入（商品開発・仕入全般）														
③業務委託（CC、FF、制作等）														
④その他（人件、住、雑貨等）														
原価合計	XX,XXX,XXX	XX,XXX,XXX	XX,XXX,XXX	XX,XXX,XXX	XX,XXX,XXX	XX,XXX,XXX	XX,XXX,XXX	XX,XXX,XXX	XX,XXX,XXX	XX,XXX,XXX	XX,XXX,XXX	XX,XXX,XXX	XX,XXX,XXX	
純利益	YY,YYY,YYY	YY,YYY,YYY	YY,YYY,YYY	YY,YYY,YYY	YY,YYY,YYY	YY,YYY,YYY	YY,YYY,YYY	YY,YYY,YYY	YY,YYY,YYY	YY,YYY,YYY	YY,YYY,YYY	YY,YYY,YYY	YY,YYY,YYY	
＊Q合計純利			ZZ,ZZZ,ZZZ			ZZ,ZZZ,ZZZ			ZZ,ZZZ,ZZZ			ZZ,ZZZ,ZZZ	ZZ,ZZZ,ZZZ	

■図 27　会議・人事考課（MBO）スケジュール

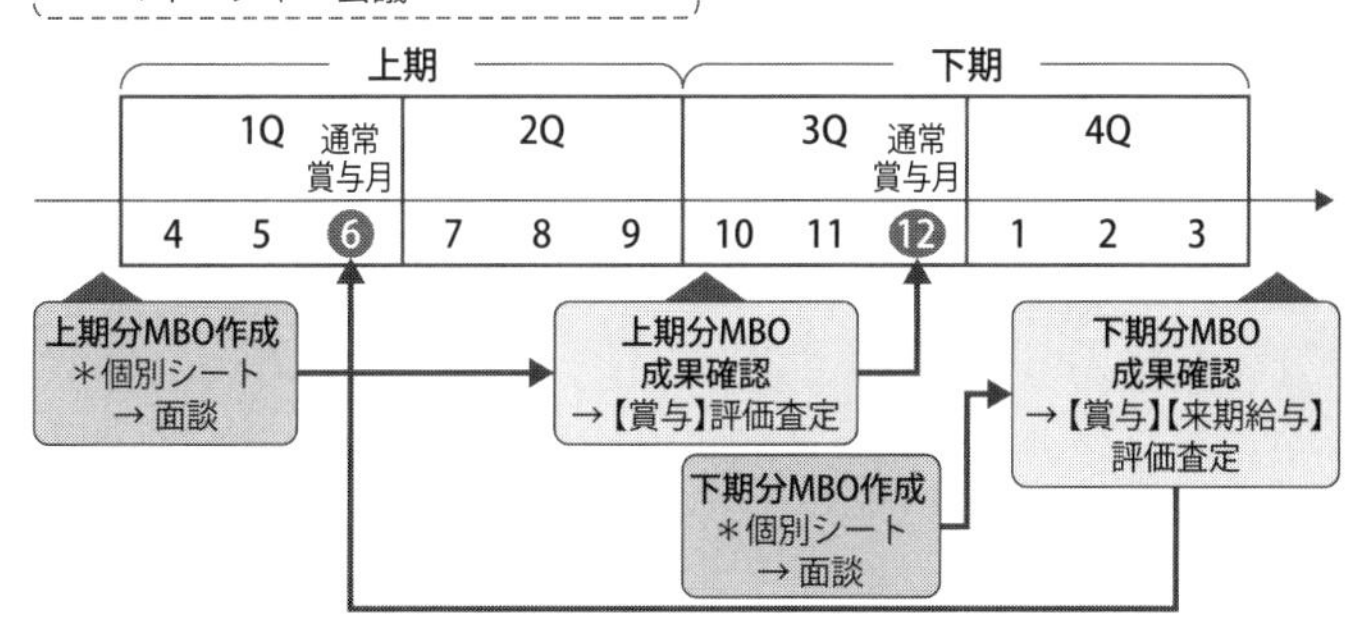

弊社では会計期間を上期（4～9月）、下期（10～3月）に分けており、さらに上期を第1四半期（1Q：4～6月）、第2四半期（2Q：7～9月）、下期を第3四半期（3Q：10～12月）、第4四半期（4Q：1～3月）に分けています【図27】。

また、人事考課（MBO）の評価期間は上期と下期の半期ごとであり、ベース査定は毎年4月（6月反映）に行い、賞与は通常6月と12月です。

上期分のMBOは3月に作成し、個別シートをもとに面談を行います。上期分のMBOの成果確認は10月で、この評価査定をもとに12月の賞与が決まります。

下期分のMBOは10月に作成し、下期

分のＭＢＯの成果確認は3月に行われ、来期給与と6月の賞与額が決定されます。また、業績による「決算賞与」が期末に支給されることもあります。

人事評価シートで達成度を本人と上司が評価

ＭＢＯの「人事評価シート」はフォーマットが決まっており、大きくプロフィットセンターとコストセンターに分けて記載方法をやや変えています（184ページの【図28】、185ページの【図29】）。

実は、多くの企業が使っているこうした**ＭＢＯの人事評価シートの活用には課題があります**。それは、先にＫＰＩを設定して、標準のレベル3を作ってしまうと、どれだけ面談を重ねても「売上をどのくらい達成したか」といった話に終始することになってしまうことです。全体と個人の業績などは日常的に管理しているＫＰＩですでに明らかになっていますし、とくに弊社のような少人数の会社ではそこに時間を費やしても生産的な話にはなりません。

それよりも**ＭＢＯの評価で重要なのは、既存事業とチャレンジ分野それぞれの評価軸**

で、**そもそも設定したＫＰＩが正しかったのかどうかを評価する**ことです。

次ページの図28はマーケティング部門の社員の人事評価シートです。

会社全体の売上がどうこうよりも、個人が頑張った部分の評価点が高くなっています。さまざまな企業で課題になっているのが、個人が頑張っても頑張らなくても、会社全体や事業部の業績によって、個人の評価は流されてしまうことです。そうではなく、**個人の達成度合いを評価して、それを賞与や階級、役職などに直結させる形で評価すべき**です。

Ｄ２ＣやＷｅｂの業界は動きが早いので、たとえば目標項目の優先度などが途中で変わってくることがあります。そのため、目標項目や達成実行策などを四半期で臨機応変に変更できるようなフォーマットにしておかなければなりません。

社員には入社して１か月ほどすると、人事評価シートを書かせます。ＭＢＯは初めて体験するので、ウエイトと達成レベル、ＫＰＩなどの達成基準などについてよく説明してから始めます。

最初は作成するのに悪戦苦闘します。２～３時間ほどはかかってしまいます。しかし、実際の業務の中で数字に触れてＫＰＩに慣れていくと、すでに自分の役割や目標が頭に

■図 28　人事評価シート（プロフィットセンター）

査定期間	2022年10月～2023年3月	評価期間	2022年10月～2023年3月
被評価者	●川　●子	所属	●●部
1次評価者	▲本　▲彦	職務	☆☆☆☆
2次評価者	田島　一貴	等級（職位）	●等級

MBO

					最終評価		評点			
目標項目 （何を）	ウエイト	達成レベル	達成基準 （どこまで）	達成実行策 （どのように）	自己評価	1次評価	本人	1次	2次	結果
モールの 売り上げ 売上目標： ●●●万円	4	5	KPI 100以上達成	・セールやキャンペーン時に売り上げを伸ばせるように施策 ・在庫や商品詳細ページを修正しクリエイティブの修正 ・広告などどのようなことができるか調査していく ・転売対策：転売ヤー0人に近づけるようにしていく ・SNSの活用方法について 売上：●●●万→月●●●万 下期合計：●●●万 ECモールA売上目標：月●●●万 ECモールB売上目標：月●●●万 ECモールC売上目標：月●●●万						
		4	KPI 90以上							
		3	KPI 80以上							
		2	KPI 70以上							
		1	KPI 70未満							
CRM施策 休眠アウト： 復活率●●% 2回目から 3回目の 引き上げ率： ●●%	2	5	KPI 100以上達成	◆休眠アウト：復活率●●%→●●% ・トークスクリプトの見直し ・他オファーや施策を考えていく ・数値を見て原因など調査 （必要であれば定例MTG実施） ・アウトバウンドの用語を理解して対策を 練っていく ◆2回目から3回目の引き上げ率：平均●●%→●●% ・ポイント交換の告知強化(SNSなどでも) ・他にコールセンターでも引き上げる施策を考える						
		4	KPI 90以上							
		3	KPI 80以上							
		2	KPI 70以上							
		1	KPI 70未満							
商品企画 ヘアケア 商品A 3月納品	2	5	予定通り開始できた	◆納品に向けて準備を進めていく →パッケージや訴求できる成分など調べながら 進めていく 納品：3月 ◆商品企画を進める上での資料作成 ◆競合調査						
		4	納品は予定通りだったが 販売開始が遅れた							
		3	発注タイミングが遅くなった ことによって納品が送れた							
		2	納品が送れた							
		1	発注に至らなかった							
育毛剤B シリーズ 戦略	1	5	予定通り準備できた	◆育毛剤Bシリーズの売り方・施策について 考えていく →PL作成、競合調査、情報収集、進行 →画像、同梱物の制作						
		4	準備着手までは予定通りだったが その後予定通りに進められなかった							
		3	売り方と魅せ方は決まった が準備着手が遅れた							
		2	売り方と魅せ方は決められた							
		1	売り方が決められなかった							
					合計					

■図29　人事評価シート（コストセンター）

査定期間	2023年10月〜2024年3月	評価期間	2022年10月〜2023年3月
被評価者	●野　●乃	所属	●●部
1次評価者	▲谷　▲代	職務	☆☆☆☆
2次評価者	田島　一貴	等級（職位）	●等級

MBO

目標項目（何を）	ウエイト	達成レベル	達成基準（どこまで）	達成実行策（どのように）	最終評価 自己評価	最終評価 1次評価	評点 本人	評点 1次	評点 2次	結果
会社目標	2	5	●%以上達成	下期 商品A 予算：●●● 利益：●●						
		4	●%以上達成							
		3	●%以上達成							
		2	●%以上達成							
総務・管理目標 ※詳細：別シート	5		1 経理系業務	①請求書関係業務 ②銀行振込承認 ③●●●期末の際の手続き等						
			2 総務系業務	①申請業務(商標・モンドセレクション等) ②証明書取得・保管 ③会社与信情報対応						
			3 バックオフィス業務	①在庫管理 ②顧客対応 ③プレスリリース						
			4 庶務業務	①社内交流活性化（食事会など）						
			5 人事・採用	①エージェント対応・採用決定						
			6 法務・コンプラ	①Pマーク対応・契約書						
			7 商品企画	①納期、発注						
			8 B to B対応	①●●●出品対応・各社対応						
			その他新規タスク	※発生したタスクを随時追加し期末に評価 派遣社員管理						
コスト削減	3		コスト	①コールセンター 時間帯席数の最適化により請求金額の削減・呼量増え始めたら単価の値下げ交渉 …ナノグロ新規獲得により席数等調整●%削減 ②ロジスティクス 資材費や同梱物ピッキング費の最適化により請求金額の削減 …2024年度4月から●%削減目標 ③原価削減：製造原価の削減 …発注数の最適化・仕入れ時に相見積や交渉を実施 …商品B発注・商品C発注時						
								合計		

入っているので、人事評価シートの作成には30分もかからなくなります。

この人事評価シートをもとに上期、下期でそれぞれ社員と上司が面談を行います。人数の多い会社であれば、評価は自己評価と直属の上司による1次評価、それを見て上の役員が社員とコミュニケーションを取ることなどを目的に評価に参画するといった流れになると思います。

おそらく、ベンチャー企業や少数制の企業、社歴が浅い企業でMBOを導入している会社は少ないと思います。しかし、規模に関係なく、数字に対する意識の高い社員の集まっている会社であれば、自主性が高く、「個人の成果」を客観的に評価できるMBOを導入する意義はきわめて高いと思います。

「チャレンジ目標」の設定と達成度の評価

第5章で述べたマーケティング部門の社員Aと管理部門の社員Bの人事評価シートを例に、MBOによる評価のポイントを説明しましょう。

どちらの部門においても、「チャレンジ目標」を自ら設定して目標達成を目指すことを重点的に評価しています。

①マーケティング部門（１８４ページ【図28】）

Ａはもともと Ｗｅｂマーケティングや ＣＲＭ施策にはかかわっていましたが、それ以外は新規のチャレンジ分野をいろいろと手がけました。

マーケティングでは、ＬＩＮＥの運用においてさまざまなＫＰＩを設定しました。たとえば、新規購入分の友達登録率やＥＣカートシステムの連携率をＫＰＩとして目標達成を目指しました。

最大のチャレンジ目標は新しい商品（キュートシリーズ）の企画・開発でした。とくに、売り方・施策について達成基準を設けて達成度を評価していきました。

若手でも中堅でもそうですが、その人の伸びしろを見ながらいろいろなチャレンジ分野を手がけさせ、成果を出せばきちんと評価するという企業文化ができ上がっています。

②管理部門（１８５ページ【図29】）

Ｂの担当は基本的にバックオフィス業務なので、総務・管理目標の比率が高くなっています。

実は、この総務・管理の業務だけでもきわめて多岐にわたっており、業務量は膨大になります。しかも、バックオフィス業務は組織の活動の基本であり、スピードと質が問われます。一般の企業であれば4、5人のスタッフが担当することになるでしょう。しかし、弊社ではBがすべてを一人で行っています。

その上で、通常業務だけでは本人もモチベーションも上がらないと考え、新しいチャレンジにも取り組ませることにしました。それが「コスト削減」です。

通常、バックオフィス業務の担当者はコスト削減には関与しませんが、Bは成果を上げることができそうだと判断したので、プラスチャレンジとして、コールセンター、ロジスティクス、製造原価のコスト削減に取り組んでもらうことになったのです。

前述したように、これらのコスト削減は額面も大きくなり、プロフィットに転じる可能性があります。そこを重点的に評価しました。

MBOによる人事評価を賞与と役職に反映

では、ＭＢＯにおける目標達成度は社員の基本給、賞与、役職給などのどこに反映されるのでしょうか。

中には基本給に連動させる仕組みをとっている企業もありますが、弊社では主に賞与と役職給に反映させています。ＭＢＯによって基本給を下げるということはまずありません。

弊社では基本給と役職給を完全に分けた構造になっています。

また、社員を能力・職務・役割などによってランク分けする等級（職位）制度を導入しています。等級を上げ下げすることは難しいのですが、リーダー、マネージャー、部長、副部長といった役職を変えることには臨機応変に対応できます。役職が変われば役職給にも連動します。

役職がついても、仕事だけが増えれば社員の不満にもつながります。しかし、役職に手当のプラスアルファがあれば、社員はきちんと評価されていると感じます。弊社ではそれぞれの役職につくと、役職給がいくらもらえるかを全社員が把握しています。

人事評価シートから自分の成長が見える

ＭＢＯのメリットは、「実績を可視化して評価できる」「社員のモチベーションが向上する」「社員の能力がアップする」など多々あります。

もう一つ私が注目しているのが、**人事評価シートによる評価などを通して社員が「自分の成長を実感できる」ということ**です。

人事評価シートのフォーマットは同じですから、たとえば20代後半の女性が半年経ったとき、１年経ったときに見直すことで、「自分のできることがどれだけ増えたか」「どんな成果を出すことができたか」などを客観視できます。

逆に言えば、そこに成長の跡が見られなければ、もちろん給与も変わらないし、ただ歳をとっただけということになってしまいます。それでは全く意味がありません。

新入社員に対して私がよく言うのは、「自分が先輩になって後輩に指導できるようなスキルを身につけたときのイメージで仕事をしてほしい」ということです。

自分の現在の業務・タスクの意味をすべて理解し、それらをどんどん後輩に任せることができるくらいにならないと、新しいチャレンジに向かうことなどできません。自分が経験して体得した業務はどんどん手放して、次の人に渡していってほしいのです。

新しいものを吸収してキャリアを積んだ方が断然面白いですし、社員一人ひとりのパフォーマンスが広がっていくほど、企業のパワーも高まっていくのだと思います。

ＭＢＯ導入による中間管理職の負担

ＭＢＯの評価は、上司（管理職）が個々の社員に対して行います。

そのため、年功序列制度のもとでの評価に比べ、評価者の負担が多くなります。制度を適切に運用するためには、とくに部下を評価する中間管理職の高いマネジメント力が求められます。

とくに、部門やチームに所属するメンバーが多い場合は、面談やフィードバック欄の記入だけでも多くの時間を要し、必然的にミドルマネジメント層の負担が大きくなります。

ある程度の規模の企業では事業部やチームが一つの単位になっています。そこをまとめているマネージャーがＭＢＯを運用することになるでしょう。

かつて、京セラ創業者の稲盛和夫氏は、経営者意識を持つ人材を育成するためのアメーバ経営という考え方を提唱しました。会社全体を機能ごとにアメーバと呼ばれる小さな組織に分割し、その小集団においては経営計画から実績管理などが部門リーダーに任されます。

どのような事業部でも5～6人くらいのチームが最も動きやすく、そこを仕切っているチームの責任者が数字に対する意識を高めて部下とコミュニケーションをとることで、ＭＢＯを運用することができます。

ただし、一人が部下をマネジメントできる限界はおそらく7、8人だと思います。それを超えるようなチームの場合は、それなりの仕組みを構築する必要があるでしょう。

そもそも前提として、中間管理職が数字に強くなっていないとＭＢＯの設計はできません。社員が設定したＫＰＩとその達成度などを見て、会社の中でどの部分に貢献しているのかが頭に入っていなければ社員を評価することなど到底不可能でしょう。

繰り返し強調しますが、中間管理職も現場の社員も数字に強くなるような全社的な仕組みづくりが必要不可欠なのです。

付章

数字に強くなった人だけに待っている未来

若い頃から数字を扱い、ビジネスの収益構造を理解

「数字をつくる力」はビジネスの世界で活躍するための最強スキルです。それはさまざまな局面での判断基準の軸となります。

私が〝数字の威力〟を初めて体験したのは16歳、高校1年生のときでした。

今ではもうなくなってしまったガソリンスタンドで当時アルバイトをしていたのですが、そのガソリンスタンドでは売った商品を個人別で競う売上ランキングがありました。私はそれで系列店全国月間ランキング1位をとったことがあります。

その商品は車の燃料タンクの「水抜き剤」でした。

当時の車の燃料タンクは金属製で、水がたまるとタンク内が錆びて腐食してしまいました。水抜き剤はタンク内の水を抜いて錆の発生を防ぐためのものです。最近の車の燃料タンクは樹脂製であり、密閉性も高くなっているので水抜き剤はほぼ不要になりましたが、当時はガソリンスタンドで給油する際には「水抜き剤を入れますか？」とよく聞かれたものです。

水抜き剤は1本700〜800円ほどしますが、成分は水溶性のアルコールで原価は100円程度です。そのため利益率がものすごく高いのです。

一方、ガソリンは利益率が低い。ガソリンの1リッターあたりの利益は通常1円か2円程度です。水抜き剤の方がはるかに儲かるわけです。売上が2本で1500円とすると、原価約200円で利益が1200〜1300円くらいです。

つまり、ガソリンで儲ける必要はありません。ガソリンスタンド側は、ガソリンだけを入れて出ていくお客さんではなく、そこからオイル交換やバッテリー交換、洗車、水抜き剤などにお金を払ってくれるお客さんを相手にしています。重要なのはガソリンスタンドに入る月間利益額なのです。

これは先行投資型のビジネスモデルであるD2Cにも通じる話です。ガソリンを入れる顧客を獲得するコストはいわば初期費用で、ここは儲からなくてもいいのです。その先のリピート顧客の売上で利益を得るということを最初から設計しています。

ともかく、私はその水抜き剤を1か月に300本以上売って、全国月間ランキング1位になって本部から表彰されました。スタンドの所長は大喜びでした。

そのとき私はこう思いました。

「年齢なんか関係なく、モノを売って利益が出れば会社は強くなるんだ」と。

そして初めて、売上、原価、利益という構造をシンプルに理解したのです。


大学時代は飲食店、工事現場、出版社、テレビ局、IT企業などでさまざまなバイトをやりながら、国際NPO・NGO団体を通じて、海外の内戦や紛争の起こっている国々や、世界の大都市を含め30～40か国を巡りました。

社会人になって大手介護総合事業会社（老人ホーム等新規事業開発業務）から大手商社の子会社に入社しました。法人営業が担当で、テレビ局や出版社、印刷会社などに、1か月の利用料が数十万～数百万するような、国内外をつなぐエンターテインメント法人専用光回線とサーバーを売っていました。

2000年初頭頃、ある出版社の編集長と話していたときに、「予算1億使っていいから、売上10億にできるか？」と聞かれました。私は「簡単にできますよ」と答え、その出版社が出している有名な雑誌には、数多くの最新のさまざまな商品が掲載されているため、その商品を全部ECサイトで売ることを提案しました。

ところが、その編集長は「そんなことで儲かるわけがない」と一蹴。話が全く通じませんでした。「この人の新規事業とEコマースに対する感覚はダメだな」と思いました。

実はバイト時代にも同じような提案をしたことがありましたが、やはり聞く耳を持たれず却下されました。

その後の、EC市場規模の急拡大は皆さんご存知のとおりです。

次の転職先はアフィリエイト（成果報酬型広告）サービスの最大手企業でした。Webが急速に進化している時代で、若い社員でも新しいものには何でもチャレンジさせるような勢いがありました。

私は30歳ぐらいでしたが企画の部長職で、上場会社なので、とにかく利益を出すことをシビアに求められるという経験をしました。

当時、ベンチャーの起業家などいろいろな経営者と話す機会がありました。必ず「数字」の話になってきます。数字の面で、成長している会社とそうではない会社の違いをさんざん目にしてきました。

そこで知ったのは、数字に強いと、社内の人間に対してのインパクトが全然違うということでした。人間関係の幅も広がっていきます。

数字に強い人間は社内でも社外でも一目置かれます。社内でいえば経営者の目にも留まります。数字に強いというのはもちろんＥｘｃｅｌが得意ということではありません。こういう事業をこう展開すればこうなるという損益分岐点を頭の中で描けることです。どんな事業であれ、普通の経営者であればこういう人材を経営企画に呼びたいと考えるはずです。

ビジネスの世界では数字に強い人材が最強だ！

もし、あなたが「早くキャリアアップしたい」「会社の中で高いステージに行きたい」と思うのであれば、会社の規模に関係なく、すべてを数字で説明できるだけの知識をつけることが先決です。それ以上に強いものはありません。

大企業だろうが中小企業だろうが、なぜこれが１００万になるのか、１億になるのかを理由とロジックとリスクを明確に説明できるかどうか。その違いです。

社内向けに発信するために、数字の論理を身につけるのもいいでしょう。マネジメント層であれば、数字に強い人材を育成するために、まずは自分の数値力アップを目指すことが必要でしょう。どんな立場にあったとしても、数字に強くなればビジネスパーソンとして影響力のある人間になれるはずです。

数値力は、会社規模や業種業態、業務内容を問わず、また時代が変わっても通用するスキルです。

事業のビジネスモデルを理解すれば、ＰＬは引けるようになります。〝ＰＬが引ける〟というのは、**「利益が出るかどうかの根拠を示すことのできる力」**のことです。

そのＰＬが本当に生きたものになるか、そうではないか。それは最終的には数値力がものを言います。つまり、儲かるかどうかを数値で説明できるかどうかということです。

ビジネスにおける数値力とは「数字（収益）をつくる力」です。たしかな仮説・シナリオとロジックを持って数字を設計できる人材こそがいま求められています。

数字を根拠に説明できるスキルを磨けば、経営者的な視点を手に入れることができるでしょう。それは新人だろうがベテランだろうが全く関係ありません。

おわりに

あなたは、ビジネスパーソンとして、どんな存在になりたいと思っていますか？

「経営サイドに立って事業を展開してみたい」

「社内の重要なポジションについて会社にインパクトを与えたい」

「キャリアアップして大きなプロジェクトで実績を残したい」

目指すところはさまざまでしょう。

しかし、いずれにしても、数値力がなければビジネスの世界では通用しません。

どんなキャリアを目指すにしても、「数字で説明する力」「数字をつくる力」が必ず求められます。

このことを理解し、「自分も頑張ろう」と思っていただけたとしたら、本書の目的の一つは達せられたのではないかと思います。

プルチャームでは現在、女性向けのヘアケア製品をメインに販売しています。

今後は、美容系を軸としながらも、性別を問わず「健康分野×Ｗｅｂ」を軸に、ウエルフェア（人々の健康や幸福のサポート）にかかわるサービスを展開していきたいと考えています。

わかりやすい例で言うと、新型コロナウイルス感染症の感染拡大を契機に、国はオンライン診療を実質的に解禁しました。この先、一般用医薬品などの薬のネット販売の規制も緩和されていくのではないかと思われます。

超高齢化社会の日本では、全国民の健康維持が大きな課題になっています。体調が悪いのに何時間もかけて病院に行って薬をもらうのは高齢者にとって大変な負担です。必要な人に必要なタイミングで薬を届けるＷｅｂを上手に活用したサービスが必要だと思っています。

プルチャームとしては、高齢者の介護や健康についての問題を、ネットの力を使って解決できるような事業を手がけることを長く模索してきました。

いま、薬のことやＷｅｂのルールなど、必要な知識について全社を挙げて勉強しているところです。

私たちは単純にＷｅｂの力を信じています。その力を使って、日本人が健康管理に身近なところで取り組めるようなサービスを充実させたいと考えています。

その成功の鍵を握る戦力はもちろん、「数字に強い人材」として日々成長している弊社の社員一人ひとりです。彼ら彼女らには、ウエルフェアを軸とした新しい事業展開における大きな活躍を心から期待しています。


本書のテーマはタイトルが示すとおり、「人を育てる」ことであり、言い換えるなら、組織内の「教育」です。

冒頭には、私が中学生の頃から尊敬する吉田松陰先生の言葉を掲載しました。吉田松陰先生は、江戸時代から「真に向き合う日本人らしさ」、「強い精神力と魂を兼ね備えた人物」であり、現代でいうところの「イノベーター的教育者」です。その学びの精神は現代ビジネス人にも通じるものであり、いつの時代においてもカリスマ的な存在です。

吉田松陰先生の言葉は本書の内容にも重なると考え、紹介させていただきました。


本書を最後までお読みいただきありがとうございました。

繰り返し述べてきた本当の意味での「数値力」を身につけ、それぞれの仕事に応用して活躍する人材が一人でも増えてくれたら、著者として望外の喜びです。

常に弊社事業を支えてくださり成長させていただいている全国のパートナー企業の皆様と、そして誰よりもイクモアブランドを愛用しブランドを育ててくださったお客様に感謝を込めて。

2024年3月15日

プルチャーム株式会社　代表取締役　田島一貴

できるリーダーは「数字(すうじ)に強(つよ)い」メンバーを育(そだ)てている

2024年6月5日　初版第1刷

著　者――――――田島一貴(たじまかずたか)
発行者――――――松島一樹
発行所――――――現代書林
〒162-0053　東京都新宿区原町3-61　桂ビル
TEL／代表　03(3205)8384
振替00140-7-42905
http://www.gendaishorin.co.jp/

デザイン――――――山之口正和（OKIKATA）
図版――――――松尾容巳子
編集協力――――――成瀬晶子

印刷・製本　㈱シナノパブリッシングプレス
乱丁・落丁本はお取り替えいたします。

定価はカバーに
表示してあります。

ISBN978-4-7745-2007-0　C0034